 Wildgänse

Inhaltsverzeichnis

BVK LW 34 · Rathmann / Sanders / Schnitzler / Torres: Lernwerkstatt „Wildgänse"

Wildgänse

Vorwort

Die Idee zu dieser Lernwerkstatt entstand im Rahmen des Wettbewerbs „Schüler powern für die Umwelt 1997". Die Schüler der damaligen vierten Klassen der Karl-Vogels-Schule Hünxe erstellten gemeinsam verschiedenste Materialien, Texte und Spiele zum Thema „Wildgänse". Dank der vielen tollen Einfälle der Schülerinnen war es uns möglich, das Thema „Wildgänse" kindgerecht aufzubereiten. Dabei haben wir die Ideen der Schüler mit aufgegriffen, überarbeitet, ergänzt und in eine fächerübergreifende Lernwerkstatt umgesetzt.

Die Wildgänse – eine fächerübergreifende Lernwerkstatt

Unter einer Lernwerkstatt verstehen wir ein offenes, themengebundenes Lernangebot. Die vielfältige Auswahl an Lernsituationen und Lernmaterialien bietet Raum für Einzel-, Partner- und Gruppenarbeit. Neben den themengebundenen Zielen gilt es, die Schülerinnen zur Selbststeuerung ihres Lernens innerhalb einer Sozialgemeinschaft zu befähigen. Die Schüler entscheiden selbstständig, wann sie welches Lernangebot bearbeiten. Sie sind zu Initiative und aktiver Eigenständigkeit herausgefordert, da sie unabhängig voneinander arbeiten und Selbstkontrollen durchführen.

Obwohl es sich hier um eine fertige Lernwerkstatt handelt, möchten wir Sie motivieren, Ihre Schüler bei der Planung der Werkstatt zu beteiligen und deren vielfältige Ideen mit aufzugreifen. Mit der Zeit werden die Schüler in der Lage sein, als Hochform dieser Methode ein fächerübergreifendes Lernangebot für andere und sich selber zu planen und zu erstellen.

Organisation der Lernwerkstatt

Die Schülerinnen arbeiten selbstständig innerhalb verschiedener Sozialformen an dem Lernangebot. Die Lernangebote liegen in Ablagekästen bereit. Die jeweilige Aufgabenstellung befindet sich auf einer Auftragskarte innerhalb der Ablagekästen. Zusätzlich stehen sie auf einem Werkstattplakat, auf welchem noch einmal alle Aufgaben zusammengefasst sind.

Weiterhin erhält jeder Schüler sein eigenes Gänse-Heft und einen Werkstattplan. Auf letzterem kreuzt er in der leeren Spalte schon bearbeitete Aufgaben an. So liefert der Plan der Lehrerin und den Schülerinnen eine Kontrolle über die individuell geleistete Arbeit. Der Werkstattplan von Seite 6 kann für beide Zwecke verwendet werden. Hierbei bietet es sich an, den Plan für die Klasse auf DIN A3 bis DIN A2 zu vergrößern und den für die Schüler auf DIN A5 zu verkleinern.

Die Lernwerkstatt ist so angelegt, dass sie aus allen thematischen Schwerpunkten Aufgaben enthält. Des Weiteren ist die Werkstatt durch die Offenheit der Arbeitsweise bestimmt und kann nach Interesse und Individualität bearbeitet bzw. auch ergänzt werden. So erfährt der Schüler, seinen Lernprozess selbstständig zu planen und zu gestalten. Die Differenzierung ist durch das mannigfaltige Angebot gegeben, welches in seiner Vielfalt die verschiedenen Fähigkeiten und Fertigkeiten der Schülerinnen berücksichtigt. Die Aufgaben sind so konzipiert, dass sie unterschiedliche Schwierigkeitsstufen aufweisen. Die Lernaufgaben können mit einem Partner oder in der Gruppe bearbeitet werden, so dass jede Schülerin die Möglichkeit hat, ihre Vorerfahrungen einzubringen und schwächere Schüler von den kindgemäßen Erklärungsweisen stärkerer Schüler profitieren. Die optimale Sozialform ist zwar jeweils vorgegeben, aber situationsbedingt abänderbar.

Durch die individuelle Arbeit an den verschiedenen Lernangeboten ergibt sich ein sehr selbstständiges und vom Lehrer unabhängiges Lernen.

BVK LW 34 • Rathmann / Sanders / Schnitzler / Torres: Lernwerkstatt „Wildgänse"

Wildgänse

Dem Lehrer ist es dadurch möglich, bei Problemen einzelner Schüler individuelle Hilfestellung zu leisten. Weiterhin sollte es zu fast allen Aufgaben ein oder zwei Schüler geben, die als Helfer eingesetzt werden und anderen Schülerinnen bei Fragen Hilfestellung leisten bzw. Aufgaben erklären und kontrollieren. J. Reichen, der diesen Werkstattgedanken geprägt hat, bezeichnet diese Kinder als Chefs.
Während der Werkstattarbeit sollten immer wieder auch gemeinsame Gespräche im Plenum stattfinden. In diesen Gesprächen wird den Schülern Gelegenheit gegeben, sich über den Stand ihrer Arbeit auszutauschen, neue Aufgabenstellungen zu besprechen, über Probleme zu diskutieren und gemeinsam Lösungen zu finden, bereits fertige Arbeiten vorzustellen und vieles mehr.

Wichtige Regeln für den Umgang mit einer Lernwerkstatt

- Der Schüler wählt die Lernangebote unabhängig von der Reihenfolge frei aus.
- Begonnene Arbeiten müssen beendet werden.
- Materialien und Auftragskarten müssen wieder in die dazugehörigen Ablagekästen gebracht werden.
- Während der Partner- und Gruppenarbeit wird geflüstert.
- Der Arbeitsplatz ist frei wählbar.
- Alle Arbeiten sollten entweder von der Lehrerin, dem Chef oder in Selbstkontrolle überprüft und auf dem eigenen Werkstattplan abgehakt werden.

Tipps zum Einstieg in die Wildgänse-Werkstatt

- Vor Beginn der Lernwerkstatt benötigt jedes Kind ein eigenes Gänse-Heft, in welches es im Laufe der Unterrichtsreihe seine Arbeiten einkleben und so festhalten kann. Es bietet sich zudem an, den Werkstattplan der Schülerin in das Heft zu kleben, so dass die Lehrerin jederzeit Zugriff auf diesen hat und kontrollieren kann, wie weit jeder einzelne Schüler ist. Die individuelle Umschlaggestaltung des Heftes liegt bei den Schülern selbst.
- Im Vorfeld bietet sich ein Unterrichtsgespräch an, bei dem die Schüler ihre Vorerfahrungen und Gedanken, Fragen und Ideen einbringen und in einem Cluster oder Mind-Map festhalten können.
- Es hat sich weiterhin als sinnvoll erwiesen, gemeinsam mit den Schülern einen Material- und Büchertisch anzulegen. Hierfür können Sie sich von Büchereien Bücherthemenkisten zusammenstellen lassen und auch Bücher der Schüler mit aufnehmen.
- Innerhalb dieser Lernwerkstatt sollte den Schülern ausreichend Gelegenheit zum Lesen und Stöbern gegeben werden (z. B. in Form einer Lesestunde).
- Zum Einstieg in die Unterrichtsreihe könnte ein Film zu den Wildgänsen gezeigt werden. Dieser kann mitunter bei der Bildstelle der jeweiligen Stadt bestellt werden.
- Einige Lernaufgaben sollten im Vorfeld zunächst gesperrt und erst nach einer gemeinsamen Besprechung eröffnet werden. Diese Angebote haben wir unter dem Abschnitt „Anmerkungen für die Lehrerin / den Lehrer" mit einem Stern * markiert.
- Zur Ausgestaltung eigener Aufgaben wurde ein Schmuckblatt beigefügt (s. Seite 72).

Wildgänse

Anmerkungen für die Lehrerin / den Lehrer

Lernangebot 5: Eine Blessgans erzählt
Um den Kopierbedarf möglichst gering zu halten, sollten Sie höchstens fünf Leseexemplare bereitstellen. Die Seiten sind so angelegt, dass sie leicht zu einem DIN A5-Heft gefaltet und geheftet werden können. Die Fragen am Ende des Heftes sollten die Kinder in ihrem eigenem Gänse-Heft schriftlich beantworten.

Lernangebot 6: Gänse – Steckbrief / **Lernangebot 7:** Ein Bild von deiner Lieblingsgans
Hier bietet es sich an, dass sich die Kinder bei beiden Lernangeboten mit derselben Gans beschäftigen.

* **Lernangebot 8:** Ein Gänse – Info – Plakat
Bei diesem Lernangebot sollten die Kinder im Vorfeld darauf hingewiesen werden, dass jede Gänseart nur einmal bearbeitet werden kann. Beschäftigt sich eine Gruppe bereits mit einer Gänseart, ist diese für andere Gruppen gesperrt. So werden Informationsplakate zu möglichst vielen Gänsearten erstellt. Die Schüler können die benötigten Informationen sowohl aus den bereitgestellten Sachtexten, als auch aus den Büchern des Büchertisches beziehen.

Lernangebot 9: Dein Mini-Lexikon
Dieses Lernangebot bietet zwei Einsatzmöglichkeiten. Zum einen können die Schüler ihr eigenes Lexikon herstellen und ergänzen. Zum anderen ist es möglich, die Begriffe von den Erklärungen zu trennen und die Kinder diese anschließend zuordnen zu lassen.

* **Lernangebot 13:** Das Gänsespiel
Zur besseren Haltbarkeit bietet es sich an, das Spielfeld und die Fragekarten zu laminieren. Vorher muss die Rückseite auf die Karten geklebt werden. Dieses Spiel kann erst dann gespielt werden, wenn ein großer Teil der Lernangebote von den Schülern bearbeitet wurde. Besonders wichtig sind hierfür die Sachtexte zu den einzelnen Gänsearten. Die leeren Spielkarten bieten der Lehrperson oder den Schülern die Möglichkeit, das Spiel mit eigenen Sachfragen zu erweitern. Zusätzlich werden vier Spielfiguren und ein Würfel benötigt.

Lernangebot 16: Die Zugroute der Weißwangengans
Für diese Aufgabe werden eine Europakarte oder mehrere Atlanten benötigt.

Lernangebot 18: Eine Gans zum Fliegen
Für diese Aufgaben benötigen Sie folgende Materialien in Klassenstärke:
Fotokarton (weiß oder grau) DIN A3, 60 cm langer Holzstab (dünn).
Zusätzlich benötigtes Material: Nylonfaden oder Drachenschnur, dicke Nadeln, Farbe zum Bemalen
Es bietet sich an, dass sich mehrere Kinder einen Schablonensatz (ein Körper, zwei Flügel) teilen.

Benötigte Materialien
Material zur Hand der Schüler:
- Ein DIN A4 - Heft pro Kind (ohne Lineatur)
Material für den Materialtisch:
- Plakate, verschiedenes Papier und Malutensilien
- Watte, Kinderüberraschungseier (= gelbe Plastik-Eier)
- Stoffreste, Wolle, Filz, Moosgummi
- Kleber, Scheren

Ideen für den Büchertisch

- Glader, Hans: Wintergäste, Zugvögel am Niederrhein. Mercator Verlag Duisburg 2001 ISBN 3-87463-325-X
- Hofer, Angelika: Tagebuch einer Gänsemutter. Franz Brack, Altusried 1990
- Hofer, Angelika: Ein Gänsesommer. Franz Beck, Altusried 1990
- Hofer, Angelika / Ziesler, Günter: Gänse. Eine LeseBilderbuch. H. Stürtz, Würzburg 1995
- Hudec, Karel / Rooth, Jan: Die Graugans. Westarp-Verlag, Hohenwarsleben 1995
- Moullec, Christian: Mit den Gänsen fliegen. Kosmos, Stuttgart 2001
- Lishman, Bill: Vater der Gänse. Droemer-Knaur, München 1996
- Lorenz, Konrad: Er redete mit dem Vieh, den Vögeln und den Fischen. Deutscher Taschenbuch Verlag, München 1964
- Lorenz, Konrad: Das Jahr der Graugans. Pieper, München 1998
- Lorenz, Konrad: Hier bin ich, wo bist du? Ethologie der Graugans. Pieper, München 1991

Filmtipps
- Amy und die Wildgänse
- Tagebuch einer Gänsemutter
- Wanderer zwischen den Welten

Außerschulische Ansprechpartner / Lernorte
- Der Naturschutzbund Deutschland in ihrer Nähe
- Die Biologische Station für den Kreis Wesel: Tel.: 0281 / 96252-0, Naturschutzstation
- Für den Kreis Kleve: Kranenburg, Tel.: 02826 / 92094
- Deutscher Jagdschutzverband, Johannes-Henry-Straße 26, 53113 Bonn

Internetadressen

- www.bskw.de
- www.anser.de
- www.graugans.de
- www.gaense.de
- www.zwerggans.de
- www.nabu-naturschutzstation.de
- www.dg.de
- www.blessgans.de

Wildgänse

Werkstattplan

Name: ______________________

	1	Ein Gänse-Elfchen	
	2	Ein Gänse-Gedicht	
	3	Die Geschichte vom Weihnachtsbraten	
	4	Übe für das Diktat	
	5	Eine Blessgans erzählt	
	6	Gänse-Steckbrief	
	7	Ein Bild von deiner Lieblingsgans	
	8	Ein Gänse-Info-Plakat	
	9	Mini-Lexikon	
	10	Das Gänse-Kreuzworträtsel	
	11	Wildgänse-Suchrätsel	
	12	Das erste Lebensjahr	
	13	Das Gänsespiel	
	14	Lückentext „Flug der Wildgänse“	
	15	Der lange Weg der Wildgänse	
	16	Die Zugroute der Weißwangengans	
	17	Ein Gänseküken basteln	
	18	Eine Gans zum Fliegen	
	19	Deine Fantasie-Gans	

BVK LW 34 • Rathmann / Sanders / Schnitzler / Torres: Lernwerkstatt „Wildgänse“

1.

Ein Gänse-Elfchen

Lies dir die Schreibanleitung für das Elfchen gut durch
und schreibe ein eigenes Elfchen.
Schreibe es zunächst vor.
Nimm bei Wörtern, bei denen du unsicher bist,
ein Wörterbuch zu Hilfe.
Anschließend kannst du dein Elfchen
auf das Schmuckblatt schreiben.

2.

Ein Gänse-Gedicht

Suche dir einen Partner.
Teilt untereinander das Gedicht auf
und lernt es gemeinsam auswendig.
Tragt es dann zusammen einem anderen Kind
oder deiner Lehrerin vor.

BVK LW 34 · Rathmann / Sanders / Schnitzler / Torres: Lernwerkstatt „Wildgänse"

3.

Die Geschichte vom Weihnachtsbraten

Lies dir die Geschichte sorgfältig durch
und schreibe sie anschließend mit eigenen Worten auf.
Beachte die Hinweise auf der Tipp-Karte.
Du kannst ein Wörterbuch zu Hilfe nehmen.

4.

Übe für das Diktat

1. Trage die Lernwörter in deine Lernkartei ein.
2. Übe die Lernwörter.
3. Ordne die Lernwörter nach Nomen, Verben und Adjektiven.
4. Übe das Diktat als
   - Dosendiktat
   - Partnerdiktat
   - Drehdiktat

BVK LW 34 • Rathmann / Sanders / Schnitzler / Torres: Lernwerkstatt „Wildgänse"

5.

Eine Blessgans erzählt

Lies das Heft „Eine Blessgans erzählt“.
Die junge Blessgans Vladimir erzählt aus ihrem Leben.
Dabei macht sie dich auf viele Dinge aufmerksam.

Beantworte anschließend die Fragen,
die am Ende des Heftes stehen.

Wenn du gründlich gelesen hast, fällt dir die
Beantwortung der Fragen sicher nicht schwer.

6.

Gänse-Steckbrief

Schreibe von deiner Lieblingsgans einen Steckbrief.
Lies dazu die Informationstexte und
schaue auch in den Büchern nach.

BVK LW 34 · Rathmann / Sanders / Schnitzler / Torras: Lernwerkstatt „Wildgänse“

7.

Ein Bild von deiner Lieblingsgans

Suche dir deine Lieblingsgans
und male sie in den richtigen Farben aus.
Verwende dazu die Malvorlage.

8.

Ein Gänse-Info-Plakat

1. Wählt eine Gänseart aus.

2. Fertigt zu dieser Gänseart ein Plakat an.
   - Name und Lebensraum der Gans
   - Wichtige Informationen über die Gans
   - Fotos und Bilder zur Gans
   - Besondere Merkmale

Tipp: Schaut in den Informationstexten (zu Werkbereich 6) oder in den Büchern (des Büchertisches) nach.

BVK LW 34 · Rathmann / Sanders / Schnitzler / Torres: Lernwerkstatt „Wildgänse"

9.

Dein Mini-Lexikon

Stelle aus der Kopiervorlage ein Mini-Lexikon her.
Dazu schneidest du an der gestrichelten Linie die Seiten auseinander und sortierst sie nach dem Alphabet.
Anschließend kannst du das Heft in der Mitte falten und zusammenheften.

Dieses Wörterbuch hilft dir bei den neuen Begriffen in der Werkstatt.
Vielleicht findest du nicht alle Wörter, dann kannst du sie selber hinzufügen.

10.

Das Gänse-Kreuzworträtsel

Löse das Kreuzworträtsel und finde das Lösungswort.

BVK LW 34 • Rathmann / Sanders / Schnitzler / Torres: Lernwerkstatt „Wildgänse"

11.

Wildgänse-Suchrätsel

Im Suchrätsel sind die Namen verschiedener Wildgänsearten und einige andere zum Thema passende Begriffe versteckt.
Wer findet alle Begriffe?

12.

Das erste Lebensjahr

Ordne die Texte den passenden Bildern zu.
Klebe sie anschließend in dein Gänse-Heft.

BVK LW 34 · Rathmann / Sanders / Schnitzler / Torres: Lernwerkstatt „Wildgänse"

13.

Das Gänsespiel

Das Gänsespiel könnt ihr erst spielen, wenn ihr die meisten der anderen Aufgaben schon bearbeitet habt.

Ihr könnt das Spiel mit bis zu vier Kindern spielen.

Bevor ihr beginnt, lest euch die Spielregeln sorgfältig durch.
Viel Spaß!

14.

Lückentext „Flug der Wildgänse“

Lies dir den Text aufmerksam durch und trage die Wörter in die richtigen Lücken ein.

15.

Der lange Weg der Wildgänse

Hier dreht sich alles um die Gänse und ihre Flugstrecke.
Indem du die Aufgaben löst, erfährst du,
wie die Gänse ihre weite Zugroute bewältigen können.
Schreibe die Antworten in dein Heft.

16.

Die Zugroute der Weißwangengans

Für diese Aufgabe benötigt ihr eine Europakarte,
das Arbeitsblatt und die Anleitung auf dem Arbeitsblatt.

BVK LW 34 · Rathmann / Sanders / Schnitzler / Torres: Lernwerkstatt „Wildgänse"

17.

Ein Gänseküken basteln

Du kannst dir ganz einfach ein kleines Gänseküken aus einem Überraschungsei basteln. Lies dazu die Arbeitsanleitung. Vielleicht fertigst du ein Nest mit mehreren Eiern und Küken an. Du hast bestimmt viele Ideen. Besorge dir das notwendige Material dafür.

18.

Eine Gans zum Fliegen

Mit Hilfe der Bastelanleitung könnt ihr eine eigene Fluggans bauen. Wichtig ist, dass ihr hier ganz genau vorgeht. Wenn ihr zu zweit arbeitet, könnt ihr euch gegenseitig helfen.

19.

Deine Fantasie-Gans

Gestalte deine eigene Fantasie-Gans.
Du kannst drucken, malen, schneiden, kleben, nähen
und was dir sonst noch so einfällt.
Schaue einfach auf dem Materialtisch nach
oder bringe eigene Sachen mit.

Tipps zur „Geschichte vom Weihnachtsbraten"

Achte darauf, dass du

1. den Inhalt der Geschichte vollständig wiedergibst.
2. mit deinen eigenen Worten schreibst.
3. keine neuen Einzelheiten erfindest.
4. passende Verben und Adjektive verwendest.
5. in der einfachen Vergangenheit schreibst.
6. die richtige Reihenfolge einhältst.
7. auf Wiederholungen verzichtest.

BVK LW 34 • Rathmann / Sanders / Schnitzler / Torres: Lernwerkstatt „Wildgänse"

Wildgänse

Arbeitsblatt Werkbereich 1: Gänse-Elfchen

Bei einem Elfchen müsst ihr Folgendes beachten:

Die Wörter sind bei diesem Gedicht ganz besonders geordnet.
Jeder Strich steht für ein Wort.

1. Zeile	________	1 Wort
2. Zeile	________ ________	2 Wörter
3. Zeile	________ ________ ________	3 Wörter
4. Zeile	________ ________ ________ ________	4 Wörter
5. Zeile	________	1 Wort

Das letzte Wort ist bei einem Elfchen das Wichtigste.
Es ist wie eine „Überschrift" am Ende des Gedichtes.

So könnte ein
Gänse-Elfchen aussehen:

Elfchen für Geübte
Diese Form des Elfchens ist etwas
für geübte Dichter!

1. Zeile	________	ein Adjektiv
2. Zeile	________ ________	Was / Wer ist es
3. Zeile	________ ________ ________	Genauere Beschreibung des Wer / Was
4. Zeile	________ ________ ________ ________	Beschreibung einer Tätigkeit
5. Zeile	________	ein wichtiges Wort

Wildgänse

Arbeitsblatt Werkbereich 1: Gänse-Elfchen

BVK LW 34 · Rathmann / Sanders / Schnitzler / Torres: Lernwerkstatt „Wildgänse“

Wildgänse

Arbeitsblatt Werkbereich 2: Gänse-Gedicht

Ein Gänsejahr

Die Gänse fliegen Jahr für Jahr
in einer großen Gänseschar.
Es zieht sie in den Westen fort,
an einen weit entfernten Ort.
Doch vorher fressen sie sich satt,
sonst sind sie auf dem Flug schnell matt.

Sie fliegen über große Wälder
und über viele bunte Felder.
Sie fliegen übers blaue Meer,
denn das fällt ihnen gar nicht schwer.
Sie machen Rast auf schönen Weiden
und wollen ein paar Tage bleiben.

Nach einer Pause sind sie heiter
und fliegen über Täler weiter.
Die jungen Gänse schauen zu,
und merken sich den Weg im Nu.
Doch fliegen sie auch noch so gerne,
es liegt ihr Ziel in weiter Ferne.

Schließlich dann nach langem Flug
reicht es ihnen, ist's genug.
An Orten wie dem Niederrhein
quartieren sich die Gänse ein.

Nach vier Monaten, oh Graus,
ist es mit der Ruhe aus.
Sie müssen nun nach Hause fliegen
und in der Tundra Gänschen kriegen.

Und liebe Kinder, dann, dann, dann ...,
fängt es erneut von vorne an.

(Rathmann , Sanders & Torres)

LW 34 · Rathmann / Sanders / Schnitzler / Torres: Lernwerkstatt „Wildgänse"

Wildgänse

Arbeitsblatt Werkbereich 3:
Die Geschichte vom Weihnachtsbraten

Einmal fand ein Mann am Strand eine Gans.
Tags zuvor hatte der Novembersturm getobt.
Sicher war sie zu weit hinausgeschwommen, dann abgetrieben und von den Wellen wieder an Land geworfen worden. In der Nähe hatte niemand Gänse. Es war eine richtige weiße Hausgans.
Der Mann steckte sie unter seine Jacke und brachte sie seiner Frau.
„Hier ist unser Weihnachtsbraten."

Beide hatten noch niemals ein Tier gehabt, darum hatten sie auch keinen Stall. Der Mann baute aus Pfosten, Brettern und Dachpappe einen Verschlag an der Hauswand. Die Frau legte Säcke hinein und darüber einen alten Pullover. In die Ecke stellte sie einen Topf mit Wasser.
„Weißt du, was Gänse fressen?" fragte sie.
„Keine Ahnung", sagte der Mann.
Sie probierten es mit Kartoffeln und mit Brot, aber die Gans rührte nichts an. Sie mochte auch keinen Reis und nicht den Rest vom Sonntagsnapfkuchen.
„Sie hat Heimweh nach anderen Gänsen", sagte die Frau.
Die Gans wehrte sich nicht, als sie in die Küche getragen wurde. Sie saß still unter dem Tisch. Der Mann und die Frau hockten vor ihr, um sie aufzumuntern.
„Wir sind eben keine Gänse", sagte der Mann.
Er setzte sich auf seinen Stuhl und suchte im Radio nach Blasmusik.
Die Frau saß neben ihm am Tisch und klapperte mit den Stricknadeln. Es war sehr gemütlich. Plötzlich fraß die Gans Haferflocken und ein wenig vom Napfkuchen.
„Er lebt sich ein, der liebe Weihnachtsbraten", sagte der Mann.
Bereits am anderen Morgen watschelte die Gans überall herum. Sie steckte den Hals durch offene Türen, knabberte an der Gardine und machte einen Klecks auf den Fußabstreifer.
Es war ein einfaches Haus, in dem der Mann und die Frau wohnten. Es gab keine Wasserleitung, sondern nur eine Pumpe. Als der Mann einen Eimer voll Wasser pumpte, wie er es jeden Morgen tat, ehe er zur Arbeit ging, kam die Gans, kletterte in den Eimer und badete. Das Wasser schwappte über und der Mann musste noch einmal pumpen.

BVK LW 34 • Rathmann / Sanders / Schnitzler / Torres: Lernwerkstatt „Wildgänse"

 Wildgänse

Arbeitsblatt Werkbereich 3: Die Geschichte vom Weihnachtsbraten

Im Garten stand ein kleines Holzhäuschen, das war die Toilette. Als die Frau dorthin ging, lief die Gans hinterher und drängte sich mit hinein. Später ging sie mit der Frau zusammen zum Bäcker und in den Milchladen.
Als der Mann am Nachmittag auf dem Rad von der Arbeit kam, standen die Frau und die Gans an der Gartenpforte.
„Jetzt mag sie auch Kartoffeln", erzählte die Frau.
„Brav", sagte der Mann und streichelte der Gans über den Kopf, „dann wird sie bis Weihnachten rund und fett."

Der Verschlag wurde nie benutzt, denn die Gans blieb jede Nacht in der warmen Küche. Sie fraß und fraß. Manchmal setzte die Frau sie auf die Waage, und jedesmal war sie schwerer. Wenn der Mann und die Frau am Abend mit der Gans zusammensaßen, malten sich die beiden die herrlichsten Weihnachtsessen aus.
„Gänsebraten und Rotkohl, das passt gut", meinte die Frau und kraulte die Gans auf ihrem Schoß. Der Mann hätte zwar statt Rotkohl lieber Sauerkraut gehabt, aber die Hauptsache waren für ihn die Klöße.
„Sie müssen so groß sein wie mein Kopf und alle genau gleich", sagte er.
„Und aus rohen Kartoffeln", ergänzte die Frau.
„Nein, aus gekochten", behauptete der Mann.
Dann einigten sie sich auf Klöße halb aus rohen und halb aus gekochten Kartoffeln. Wenn sie ins Bett gingen, lag die Gans am Fußende und wärmte sie.

Mit einem Mal war Weihnachten da. Die Frau schmückte einen kleinen Baum. Der Mann radelte zum Kaufmann und holte alles, was sie für den großen Festschmaus brauchten. Außerdem brachte er ein Kilo extrafeine Haferflocken.
„Wenn es doch ihre letzten sind", seufzte er, „soll sie doch wissen, dass Weihnachten ist."
„Was ich sagen wollte", meinte die Frau, „wie, denkst du, sollten wir ... ich meine ... wir müssten doch nun ..."
Aber weiter kam sie nicht. Der Mann sagte eine Weile nichts. Und dann: „Ich kann es nicht."

BVK LW 34 • Rathmann / Sanders / Schnitzler / Torres: Lernwerkstatt „Wildgänse"

Arbeitsblatt Werkbereich 3: Die Geschichte vom Weihnachtsbraten

„Ich auch nicht.“, sagte die Frau. „Ja, wenn es eine x-beliebige wäre. Aber nicht diese hier. Nein, ich kann es auf keinen Fall.“

Der Mann packte die Gans und klemmte sie in den Gepäckträger. Dann fuhr er auf dem Rad zum Nachbarn. Die Frau kochte inzwischen den Rotkohl und machte die Klöße, einen genauso groß wie den anderen.
Der Nachbar wohnte zwar ziemlich weit weg, aber doch nicht so weit, dass es eine Tagesreise hätte werden müssen. Trotzdem kam der Mann erst am Abend wieder. Die Gans saß friedlich hinter ihm.
„Ich habe den Nachbarn nicht angetroffen, da sind wir etwas herumgeradelt“, sagte er verlegen.

„Macht gar nichts“, rief die Frau munter, „als du fort warst, habe ich mir überlegt, dass es den feinen Geschmack des Rotkohl und der Klöße nur stört, wenn man noch etwas anderes dazu auftischt.“

Die Frau hatte recht, und sie hatten ein gutes Essen. Die Gans verspeiste zu ihren Füßen die extrafeinen Haferflocken. Später saßen sie alle drei nebeneinander auf dem Sofa in der guten Stube und sahen in das Kerzenlicht.

Übrigens kochte die Frau im nächsten Jahr zu den Klößen zur Abwechslung Sauerkraut.
Im Jahr darauf gab es zum Sauerkraut breite Bandnudeln. Das sind so gute Sachen, dass man nichts anderes dazu essen sollte.

Inzwischen ist viel Zeit vergangen.
Gänse werden sehr alt.

Magret Rettich: „Die Geschichte vom Weihnachtsbraten“,
aus: „Wirklich wahre Weihnachtsgeschichten“

BVK LW 34 • Rathmann / Sanders / Schnitzler / Torres: Lernwerkstatt „Wildgänse“

Wildgänse

Arbeitsblatt Werkbereich 4: Übe für das Diktat

Wildgänse im Winter

Jedes Jahr überwintern zahlreiche Wildgänse in Deutschland, weil es in ihrer Heimat zu kalt wird. Im Herbst erreichen sie uns in großen Vogelschwärmen. Man kann die Gänseschwärme gut an den Flugformationen erkennen. Viele Tiere wurden von Biologen mit Halsbändern und Fußringen markiert, weil man mehr über ihre Lebensweise erfahren will. Daher weiß man auch, dass Gänse immer die selben Plätze aufsuchen. Man vermutet, dass die Eltern ihren Jungtieren den Weg zeigen. Gänsefamilien bleiben etwa ein Jahr zusammen. Hier bei uns brauchen die Tiere Ruhe. Sie fressen sich ein Fettpolster für den langen Rückflug an. Wildgänse ernähren sich ausschließlich von Pflanzen. Ab Ende Februar ziehen die Gänse wieder zurück in ihre Brutgebiete. Diese liegen zum Beispiel in Sibirien.

(120 Wörter)

BVK LW 34 • Rathmann / Sanders / Schnitzler / Torres: Lernwerkstatt „Wildgänse"

Wildgänse

Arbeitsblatt Werkbereich 4: Übe für das Diktat

Schreibe die Lernwörter ab und lerne sie!

überwintern zahlreich Heimat

Wildgans Deutschland

Vogelschwarm Biologen

Flugformation Halsband Platz

Fußring markieren aufsuchen

Lebensweise Jungtier

Gänsefamilie Fettpolster

Rückflug ernähren

ausschließlich Brutgebiet

zum Beispiel Sibirien

BVK LW 34 · Rathmann / Sanders / Schnitzler / Torres: Lernwerkstatt „Wildgänse"

Arbeitsblatt Werkbereich 4: Übe für das Diktat

Satzstreifen für das Dosendiktat

Wildgänse im Winter

Weil es in ihrer Heimat zu kalt wird, überwintern zahlreiche Wildgänse in Deutschland.

In großen Vogelschwärmen erreichen sie uns im Herbst.

Die Gänseschwärme kann man gut an der Flugformation erkennen.

Damit man mehr über die Lebensweise der Gänse erfährt, markieren Biologen sie mit Halsbändern und Fußringen.

Daher weiß man, dass Gänse immer die selben Plätze aufsuchen.

Vermutlich zeigen die Eltern ihren Jungtieren den Weg.

Etwa ein Jahr bleiben die Gänsefamilien zusammen.

Hier bei uns brauchen die Tiere Ruhe.

Für den langen Rückflug fressen sie sich ein Fettpolster an.

Wildgänse ernähren sich ausschließlich von Pflanzen.

Die Gänse ziehen ab Ende Februar wieder zurück in ihre Brutgebiete.

Diese liegen zum Beispiel in Sibirien.

BVK LW 34 • Rathmann / Sanders / Schnitzler / Torres: Lernwerkstatt „Wildgänse"

Arbeitsblatt Werkbereich 4: Übe für das Diktat

Wildgänse im Winter

Jedes Jahr überwintern zahlreiche Wildgänse
in Deutschland. Im Herbst erreichen
sie uns in großen Vogelschwärmen.
Viele Tiere wurden von Biologen mit
Halsbändern und Fußringen markiert,
daher weiß man auch, dass Gänse immer
die selben Plätze aufsuchen.
Gänsefamilien bleiben etwa ein Jahr
zusammen. Hier bei uns brauchen die Tiere
Ruhe. Ab Ende Februar ziehen die Gänse
wieder zurück in ihre Brutgebiete.
Diese liegen zum Beispiel in Sibirien.

Wildgänse

Eine Blessgans erzählt

Hallo, ich bin Vladimir. Ich bin eine junge Blessgans. Im letzten Sommer sind wir - meine drei Geschwister und ich - in Sibirien aus dem Ei geschlüpft.

Ich möchte euch gerne etwas über mich und meine Familie und den anderen Gänsen erzählen, die ebenfalls am Niederrhein im Kreis Wesel den Winter verbringen.

Aber bevor ich euch darüber berichte, wie wir leben, möchte ich euch kurz erklären, wie ihr mich und meine Familie und die vielen anderen Gänse auseinander halten könnt. Ihr müsst nämlich wissen, dass es im Kreis Wesel so rund ein Dutzend verschiedene Gänse gibt. Die verschiedenen Gruppen von Gänsen nennt man „Arten".

Ich selbst gehöre zu den Blessgänsen. Wenn wir erwachsen sind, haben wir am Schnabel einen weißen Federkranz, die Blesse, und an Bauch und Flanken dunkelbraune Bänder. Ich bekomme diese

Du hast den Text genau gelesen?
Dann fällt dir die Beantwortung der Fragen nicht schwer!
Schreibe deine Antworten in dein Gänseheft!

1. Im Text wird von drei Gänsearten gesprochen. Woran kann man die Blessgans erkennen?

2. Die Saatgans hat auch ein gutes Erkennungsmal. Beschreibe es!

3. Schreibe auf, was die Gänse fressen!

4. Warum werden Vögel beringt?

5. Warum verbringen die Gänse den Winter hier?

6. Finde auf einer Landkarte die russische Tundra!

7. Welche Gänsearten überwintern ebenfalls in Deutschland?

Blesse erst im Laufe des Winters, so ab Januar und die dunklen Flecken wachsen erst ab Februar oder März.

Unsere Vettern nennt man Saatgänse. Ihr könnt die Saatgänse am besten an ihrem zweifarbigen Schnabel erkennen: An der Spitze und am Grund ist er schwarz, dazwischen ist ein orangefarbenes Band.

Dann gibt es noch die Graugänse. Sie sind viel größer als wir Blessgänse und auch größer als die Saatgänse. Am besten kann man sie aber an ihrem auffallend großen, orangefarbigen Schnabel erkennen. Wir nennen sie die Gänse mit der Mohrrübe im Gesicht.

Natürlich gibt es noch viele andere Gänsearten. Aber die alle vorzustellen wäre doch recht aufwändig. Vielleicht kennt ihr ja jemanden, der euch noch etwas mehr erzählt und auch noch ein paar schöne Fotos von uns Gänsen hat. Fragt doch einmal in einer Biologischen Station nach. Da gibt es bestimmt jemanden, der mal in eure Klasse kommt und euch etwas über uns erzählt!

So, nachdem ich euch jetzt erklärt habe, woran ihr mich und meine Verwandten erkennt, möchte ich ein wenig darüber berichten, wie wir so leben.

Schon vor langer Zeit kamen meine Vorfahren in den Kreis Wesel. Ein paar hundert unserer Vettern, den Saatgänsen, und die ein oder andere Blessgans flogen hier her. Die anderen verbrachten die Winter in Südosteuropa.
Irgendwann, so etwa um 1965, zog es dann mehr und mehr von uns an den Rhein statt nach Ungarn oder Bulgarien. Ich weiß allerdings nicht, weshalb plötzlich so viele von uns woanders überwintern wollten. Über 185.000 von uns kommen mittlerweile nach Wesel und Kleve. Weil wir so viele sind, haben wir Gänse den Kreis Wesel bei den Vogelkundlern in ganz Deutschland regelrecht berühmt gemacht.

Auf gar keinen Fall solltet ihr euch nun weiter nähern, denn sonst fliegen sie womöglich weg. Vermeidet lautes Sprechen und schnelle, hektische Bewegungen, denn auch das kann die Gänse zum Abfliegen bewegen. Euer Hund sollte jetzt auch nicht ohne Leine herumlaufen und erst recht nicht zu den Gänsen hinüberlaufen!

Außerdem könnt ihr alle Menschen, die sich falsch verhalten, darauf aufmerksam machen und sie über das richtige, gänsefreundliche Verhalten aufklären. Mir und meiner Familie tut ihr damit einen großen Gefallen!

(Paul Schnitzler)

Ihr alle könnt beim Schutz der Gänse helfen!

Gänse brauchen Ruhe! Wozu? Stellt euch einmal vor, ihr würdet beim Essen ständig gestört. Dann würdet ihr ganz schön schnell spindeldürr.

Bitte nicht stören!

Wie? Ganz einfach. Wenn ihr Gänse entdeckt, solltet ihr genau beobachten wie die Gänse auf euch reagieren. Wenn die Gänse weit von euch entfernt auf den Wiesen und Äckern sitzen, nehmen sie euch vielleicht gar nicht wahr. Nähert ihr euch weiter, so seht ihr bald, dass alle Gänse die Hälse recken und euch anschauen. Meistens versuchen sie zuerst zu Fuß ein Stückchen weiter von euch weg zu kommen und beruhigen sich häufig dann sehr schnell wieder.

Irgendwann im Oktober oder November kommen wir hier bei euch an, ab Ende Februar oder Anfang März ziehen wir dann wieder nach Sibirien zurück, um dort zu brüten. Ich werde allerdings erst in zwei oder drei Jahren zum ersten Mal brüten. Bis dahin schaue ich mich in der russischen Tundra (so nennt man die Gegend, in der wir im Sommer leben) schon einmal um, damit ich mich später gut dort oben auskenne.

Sicherlich habt ihr euch schon gefragt, was wir denn so alles fressen? Wir Gänse ernähren uns von Pflanzen: Gras, Getreide und Kräuter. Auf abgeernteten Mais- oder Getreideäckern suchen wir nach übriggebliebenen Körnern. Auch Reste von Zuckerrüben oder Kartoffeln und Ähnliches verschmähen wir nicht. In unseren arktischen Brutgebieten ernähren wir uns in erster Linie von allen möglichen Gräsern, von Flechten und Beeren. Viele Menschen glauben, dass wir auch Mäuse, Schnecken, Würmer, Käfer oder andere Krabbeltiere fressen. Aber das ist falsch. Wir

Gänse sind reine Vegetarier. Unser Appetit ist allerdings recht groß. Etwa ein Viertel unseres eigenen Körpergewichtes verzehren wir täglich. Zum Vergleich: Ein Schüler aus der 4. Klasse müsste jeden Tag ungefähr 10 Kilo futtern (so viel wie ein großer Eimer voll Wasser!), wenn er mit uns mithalten wollte.

Familienleben

Schon früh gehen wir Gänse eine Bindung für's Leben ein, oft schon im ersten Lebensjahr! Und dann bleiben wir meist das ganze Leben zusammen. Aber ersten Nachwuchs bekommen die Gänseeltern erst mit vier oder fünf Jahren. Da Gänse ziemlich alt werden, können wir uns also viel Zeit lassen.

Das Nest wird meistens nur von der Mutter (der Gans) gebaut, der Vater (der Ganter) beteiligt sich nur selten. Er hält sich auch beim Brüten vornehm zurück, das überlässt er der Gans.

Vogelkundler in aller Welt sehen natürlich genau wie ihr diese Halsringe. Und dann wird es für die Ornithologen (so nennt man Vogelkundler) spannend, denn auf jedem Ring stehen Nummern oder Buchstaben oder auch beides. Mit ihren Ferngläsern versuchen die Ornithologen nun, den Ring abzulesen. Wenn das gelingt, rufen sie bei einer Biologischen Station an, um ihre Beobachtung zu melden. Für die Wissenschaftler stellen die Buchstaben und Ziffern sozusagen unseren Namen dar. Und wenn dieser „Name" bei der Biologischen Station häufig gemeldet wird, können die Wissenschaftler genau feststellen, wann wir beringten Gänse wo gewesen sind. So lernen sie viel über unsere Rast- und Brutgebiete, über unsere Flugrouten, ja sogar unser Alter lässt sich so bestimmen.

Gänse beringen, wozu?

Sicher habt ihr auch schon mein Halsband und meine Fußringe bewundert. Sind die nicht schick?

Die haben mir ein paar Biologen geschenkt. Als ich gefangen wurde, hatte ich zwar ziemliche Angst, aber jetzt habe ich mich an meinen Schmuck gewöhnt und finde die Dinger ganz toll. Und wichtig sind sie auch noch!

Die Biologen haben gesagt, dass sie Wildgänse mit solchen Ringen markieren, damit sie mehr über unsere Lebensweise erfahren und uns besser schützen können.

Wie, werdet ihr euch fragen, funktioniert das?

Ganz einfach. Die schönen Halsringe sind ja ziemlich auffällig und unterscheiden uns „Ringträger" von unberingten Gänsen.

Seine Aufgabe ist es nun, Nest und Brut zu bewachen und vor möglichen Feinden zu verteidigen, was ihm auch ziemlich gut gelingt. Wer schon einmal auf einem Bauernhof mit Hausgänsen zu tun hatte, der weiß, wie kräftig die zwicken können.

Nach etwa 27 - 30 Tagen schlüpfen aus den meist 4 - 5 weißen Eiern die jungen Gänse, die man auch Gössel nennt. Schon kurz nach dem Schlupf verlassen sie das Nest und werden von nun an von Vater und Mutter gemeinsam betreut. Schon bald führen die Eltern sie zum Wasser und zeigen ihnen, welche Pflanzen sie fressen können.

Nach etwa zwei Monaten können auch die Jungen fliegen. Die Familienbande löst sich aber dann keineswegs auf, wie es bei anderen Vögeln der Fall ist. Im Gegenteil, wir Gänse sind richtige Familientiere. Erst nach etwa einem Jahr trennen wir Jungvögel uns von den Eltern.

Doch vorher zieht die Gänsefamilie in das weit entfernte Winterquartier und im Frühjahr zurück in die Brutheimat. In all den Monaten trennen wir uns nicht. Erst wenn die Eltern erneut zur Brut schreiten, trennen sie sich von ihren jetzt schon recht erwachsenen Jungen.

Höher, weiter, schneller

Mit einem Rennwagen oder einem Flugzeug können wir es zwar nicht aufnehmen, aber wir können viel schneller fliegen als z. B. ein Olympiasieger über 100 m läuft. Der bringt es - wenn er sich richtig anstrengt - mal gerade auf 37 bis 38 Stundenkilometer.
Unsere normale „Reisegeschwindigkeit" liegt da schon um einiges darüber. Blessgänse können ca. 50 km/h schnell fliegen, Weißwangengänse 66 - 68 km/h, Ringelgänse ca. 70 km/h. Der bisher gemessene Rekord liegt bei 148 km/h.

Auch im Höhenflug sehen wir gar nicht so schlecht aus. Den Weltrekord hält zur Zeit eine Weißwangengans. Sie wurde aus einem Flugzeug in 8.300 Metern Höhe beobachtet! Zum Vergleich: Der höchste Berg der Welt ist knapp 8.900 m hoch, der Kölner Dom 158 m, der Fernmeldeturm bei Ginderich ist rund 300 m hoch.

Und auch die Strecken, die wir so alljährlich zurücklegen, sind recht groß. Von der arktischen Tundra bis zum Niederrhein sind es etwa 5.000 bis 7.000 km!
Übrigens orientieren wir uns auf unseren langen Reisen mit den Augen, wie es fast alle großen Vögel tun. Wir kennen die Landschaft entlang unserer Zugroute ganz genau. Jede Stadt, jeden Fluss, große Straßen, all das erkennen wir aus der Luft und wissen so genau, wohin wir fliegen müssen. Wir jungen Gänse müssen den Weg erst lernen, können also nicht ohne unsere Eltern oder andere Wildgänse ins Winterquartier ziehen.

Wildgänse

Arbeitsblatt Werkbereich 6: Gänse-Steckbrief

Steckbrief

Name der Gans: ______________________________

Größe: ______________ Gewicht: ______________

Flügellänge: ______________________________

Flügelspannweite: ______________________________

Lebensraum: ______________________________

____

Vollgelege: ______________________________

Zeit und Ort der Eiablage: ______________________________

____

____

Dauer der Jungenaufzucht: ______________________________

Nahrung: ______________________________

____

Merkmale: ______________________________

Das ist mir noch aufgefallen: ______________________________

____

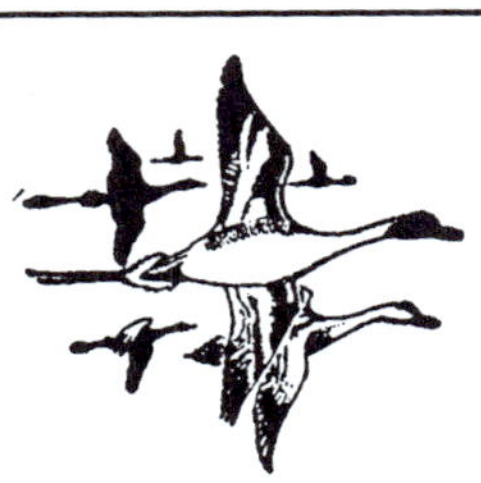

BVK LW 34 • Rathmann / Sanders / Schnitzler / Torres: Lernwerkstatt „Wildgänse"

Wildgänse

Infoblatt Blessgans

Die Blessgans ist eine typische Feldgans mit graubraunem Gefieder. Der Schnabel ist rosa, die Füße sind orange.
Auffälligstes Merkmal sind die weiße Blesse auf der Stirn, die der Gans ihren Namen gibt, und die dunkelbraune Bänderung von Brust und Bauch („Tigergans"). Doch Vorsicht: Diese beiden Merkmale findet man nur bei den erwachsenen Gänsen, jedoch nicht bei den Jungtieren im ersten Herbst ihres Lebens. Erst ab Dezember / Januar wechseln die Junggänse ins Erwachsenenkleid und sind dann nur noch mit Mühe von den Altvögeln zu unterscheiden.

Blessgänse erreichen eine Größe von 64 bis 78 cm. Das Gewicht männlicher Blessgänse liegt bei 1,8 bis 3,2 kg, das der Weibchen bei 1,5 bis 3 kg. Die Flügel der Männchen sind 38 bis 44 cm, die der Weibchen 37 bis 42 cm lang. Die Spannweite beträgt 130 bis 165 cm.

Das Brutgebiet der Blessgänse liegt in der arktischen Tundra und erstreckt sich etwa von der russischen Kanin-Halbinsel über das arktische Amerika bis zur Westküste Grönlands. Etwa ab Mitte Juni beginnen die Blessgänse mit der Eiablage, oft über viele Jahre an der gleichen Stelle. Die 4 bis 7 Eier werden 27 bis 28 Tage lang bebrütet. Nach dem Schlupf der Jungen dauert es noch etwa 6 - 7 Wochen, bis sie flügge sind.

Zur Überwinterung kommen die Blessgänse nach Westeuropa. In Deutschland liegen die großen Überwinterungsgebiete in Brandenburg (Havelniederung), Niedersachsen (Dollart) und Nordrhein-Westfalen (Niederrhein). Auch in den Niederlanden und Belgien überwintern viele tausend Blessgänse.

Altersrekord: 17 Jahre und 8 Monate

Vergleiche doch einmal die Spannweite und die Flügellänge miteinander.
Fällt dir dabei etwas auf?
Was stimmt da nicht?

Wildgänse

Infoblatt Brandgans

Die Brandgans ist eine „Halbgans“, also nicht richtig Ente und auch nicht richtig Gans. Sie hat Merkmale beider Gruppen und steht somit zwischen beiden. Brandgänse sind sehr farbig gezeichnet und daher mit keiner anderen Gänse- oder Entenart zu verwechseln. Die Grundfärbung ist weiß, Kopf und Hals sind dunkelgrün, über die Brust zieht sich ein orangebraunes Querband. Über den Bauch läuft ein dunkler Längsstreifen, im Flügel sind neben weiß auch schwarz, grün und braun zu finden. Der Schnabel ist leuchtend rot, beim Männchen bildet sich in der Brutzeit ein großer Schnabelhöcker.

Brandgänse werden etwa 55 bis 65 cm groß. Die Spannweite liegt bei 100 bis 120 cm. Die Flügel des Männchens sind 31 bis 35 cm, die der Weibchen 28 bis 31 cm lang. Das Gewicht der Männchen liegt bei 770 bis 1.650 g, das der Weibchen bei 580 bis 1.250 g.

Brandgänse brüten in großer Zahl an den Küsten Nord- und Mitteleuropas. Seit einigen Jahrzehnten haben sie sich auch entlang großer Ströme, wie etwa dem Rhein oder der Elbe, ins Binnenland ausgebreitet und kommen nun auch weit vom Meer entfernt vor. Außerdem gibt es ein riesiges Brutgebiet, das sich von Rumänien und Bulgarien bis nach Zentralchina zieht.

Brandgänse sind Höhlenbrüter. Vor allem in Kaninchenbauen, aber auch in hohlen Bäumen, Häusern oder anderen Hohlräumen legen sie ihr Nest an. Ein Gelege umfasst 6 bis 12 Eier. Die Brut, die Anfang bis Mitte April beginnt, liegt bei 27 bis 29 Tagen. Nach rund 55 Tagen sind die Jungen flugfähig.

Im Winter halten sich die Brandgänse an den Küsten von Nordsee und Atlantik auf.

Den Altersrekord hält bisher ein Vogel, der 14 Jahre und 6 Monate alt wurde.

BVK LW 34 · Rathmann / Sanders / Schnitzler / Torres: Lernwerkstatt „Wildgänse“

Wildgänse

Infoblatt Graugans

Nur eine Wildgansart brütet auch von Natur aus in Mitteleuropa, die Graugans. Zu erkennen ist sie an ihrem auffällig großen, orangefarbenen Schnabel, der wie eine Mohrrübe aussieht. Graugänse sind die größten europäischen Wildgänse. Wenn man sie direkt mit anderen Arten vergleichen kann, ist dies ein gutes Merkmal. Auch die Färbung ist anders als bei anderen Feldgänsen, denn das Gefieder der Graugans ist blaugrau, bei den anderen Arten eher bräunlich.

Die 75 bis 90 cm großen Graugänse erreichen ein Gewicht von 3 bis 4 kg (Männchen), die Weibchen sind mit 2,5 bis 3,5 kg etwas leichter. Die Spannweite liegt bei 147 bis 180 cm (eine Tür ist 200 cm hoch!). Die Flügellänge der Männchen beträgt 45 bis 48 cm, die der Weibchen 41 bis 47 cm.

Graugänse brüten in Nord- und Mitteleuropa, vereinzelt auch in Südeuropa an den unterschiedlichsten Gewässern. Die Brut der Graugänse beginnt schon recht früh im Jahr. Im März, also so um Ostern herum, baut die Gans ihr Nest. Ihre 4 bis 9 Eier legt die Gans nicht sofort hintereinander, sondern im Abstand von etwa einem Tag. Erst nachdem alle Eier gelegt sind, beginnt die Gans mit der Brut. Dies hat den Vorteil, dass alle Jungen gleichzeitig schlüpfen. Die Brutzeit beträgt 27 bis 29 Tage. Danach dauert es noch etwa 50 bis 60 Tage, bis die Jungen fliegen können. In dieser Zeit werden sie von beiden Eltern geführt.

Die Graugänse aus den nördlichen Brutgebieten, etwa aus Norwegen und Finnland, ziehen im Herbst nach Süden, zum Beispiel an die Küsten Deutschlands, Belgiens, der Niederlande und Spaniens. Brutvögel der gemäßigten Breiten, etwa aus Westdeutschland oder den Niederlanden, verweilen meist in der Nähe der Brutgebiete.

Der älteste beringte Wildvogel wurde mindestens 17 Jahre und 4 Monate alt.

Infoblatt Kanadagans

Die Kanadagans zählt – ihr schwarz-weißes Gefieder sagt es uns – zur Gattung der Meergänse.

Graubraun erscheinen Bauch, Flanken und Flügel. Der Hals und der Kopf sind schwarz. Am Kopf haben Kanadagänse einen breiten weißen Streifen, der vom Hinterkopf über die Kinnregion zieht. Dieser weiße Streifen ist recht schmal und erreicht die Augen nicht. Auch die Stirn ist schwarz, woran man sie sehr gut von der Weißwangengans unterscheiden kann.

Kanadagänse sind sehr groß, sie erreichen eine Länge von 90 bis 100 cm und eine Spannweite von 160 bis 175 cm. Die Flügel werden 45 bis 55 cm lang. Männchen werden 4.100 bis 5.400 g schwer, die Weibchen 3.700 bis 5.000 g.

Ursprünglich gab es Kanadagänse nur in Nordamerika, doch schon im 17. Jahrhundert hat man sie in Großbritannien, in der ersten Hälfte des 20. Jahrhunderts auch in Skandinavien eingebürgert. Heute brüten sie sehr zahlreich in England, Schweden und Norwegen. Kleinere Brutvorkommen gibt es auch in Deutschland, Belgien, den Niederlanden, Frankreich und Finnland. Kanadagänse sind bezüglich des Nistplatzes nicht sonderlich wählerisch. Sie brüten an allen möglichen Gewässertypen. Schon Mitte März beginnen die ersten Kanadagänse mit der Brut. Sie legen, gerne in lockeren Kolonien, ihre 3 bis 11 Eier, die sie über 28 bis 30 Tage ausbrüten. Nach 40 bis 48 Tagen können die Jungen fliegen.

Britische Kanadagänse bleiben das ganze Jahr in der Nähe ihrer Brutgebiete, während die skandinavischen Tiere zur Überwinterung vor allen Dingen an die deutsche Ostseeküste, nach Südschweden und auf die dänischen Inseln fliegen.

23 Jahre und 5 Monate war bisher das höchste Alter, das eine wild lebende Kanadagans erreicht hat.

BVK LW 34 · Rathmann / Sanders / Schnitzler / Torres: Lernwerkstatt „Wildgänse"

Infoblatt Kurzschnabelgans

Die Kurzschnabelgans ist der kleinere Vetter der Saatgans. Und tatsächlich, wer nicht sehr genau hinschaut, der wird die Unterscheidungsmerkmale gar nicht erst entdecken. Saat- und Kurzschnabelgans sehen sich wirklich zum Verwechseln ähnlich. Wie bei allen Feldgänsen sollte man sich den Schnabel und die Beine genau ansehen: Kurzschnabelgänse haben rosa Beine und auch das Schnabelband ist rosa gefärbt. Das Kopfgefieder ist dunkelbraun, das Gefieder von Rücken und Flügeln ist graublau, wie überfroren. Somit ist der „Streichholz-effekt" (siehe Saatgans) noch viel stärker, der Kontrast von Kopf und Hals / Körper sehr groß. Außerdem ist der Hals der Kurzschnabelgans kürzer als der der Saatgans, wodurch die Kurzschnabelgans ein wenig pummelig wirkt.

Die Größe der Kurzschnabelgänse beträgt etwa 64 bis 76 cm. Das Gewicht der Männchen liegt bei 1.400 bis 3.400 g, die Weibchen wiegen 1.800 bis 3.200 g. Die Flügelspannweite erreicht 137 bis 161 cm. Die Flügel der Männchen werden 43 bis 46 cm, die der Weibchen 40 bis 44 cm lang.

Kurzschnabelgänse brüten in der Tundra Grönlands, Islands und Spitzbergens. Sie sind damit die Feldgänse, die am weitesten nach Norden vorgedrungen sind. Die Brut beginnt Mitte Mai. Die 3 bis 8 Eier werden vom Weibchen, der Gans, 27 bis 29 Tage lang bebrütet. Nach weiteren 55 bis 60 Tagen sind die jungen Gänse flügge.

Die Brutvögel Grönlands und Islands überwintern auf den Britischen Inseln, die Spitzbergengänse in den Niederlanden und Belgien. In Deutschland sind sie im Frühjahr und Herbst in großer Zahl an der Nordseeküste zu sehen. Übrigens ist die Kurzschnabelgans die einzige Feldgans, die nur in Küstennähe überwintert. Im Binnenland ist sie nur selten anzutreffen.

Als Höchstalter einer frei lebenden Kurzschnabelgans wurden 21 Jahre und 5 Monate festgestellt.

Wildgänse

Infoblatt Nilgans

Die Nilgans wird zu den Halbgänsen gerechnet, einer Vogelgruppe, die eine Zwischenstellung zwischen Enten und Gänsen darstellt. Auf Grund ihres farbenfrohen Gefieders sind Nilgänse leicht zu bestimmen. Die Grundfärbung ist orangebraun, ein weißes und ein grünes Feld befinden sich im Flügel.
Um die Augen herum zieht sich ein dunkelbrauner Fleck („Veilchen"). Schnabel und Beine sind leuchtend rosa.

Mit 63 bis 73 cm werden Nilgänse etwa so groß wie Blessgänse. Die Spannweite liegt zwischen 134 und 154 cm. Die Flügel der Männchen sind 38 bis 41 cm, die der Weibchen 35 bis 39 cm lang. Mit 2,5 kg werden Männchen etwa 1/2 kg schwerer als die Weibchen.

Wer Nilgans heißt, der gehört auch an den Nil. Und tatsächlich, die Nilgänse stammen nicht aus der Arktis, sondern aus dem tropischen Afrika südlich der Wüste Sahara. Aus Wasservogelhaltungen vor allem in den Niederlanden und Großbritannien konnten immer wieder Tiere entweichen und im Laufe der Zeit Brutbestände bilden. Außerhalb Afrikas brüten Nilgänse zur Zeit in England, den Niederlanden und Deutschland (vor allem in Nordrhein-Westfalen).

Nilgänse erweisen sich als ausgesprochen flexibel, wenn es um die Brut geht. Ob alter Bussardhorst, Krähennest, Kaninchenhöhle oder frei stehendes Nest am Boden – Nilgänse sind schnell zufrieden. 6 bis 12 Eier kann ein Weibchen legen, mehr als die „richtigen" Gänse. Nach einer Bebrütungszeit von 28 bis 30 Tagen schlüpfen die Jungen. Erst nach 70 bis 75 Tagen können sie fliegen. Mitteleuropäische Nilgänse brüten zwar vor allem im Frühjahr und Sommer, doch vereinzelt wurden schon im Januar Junge gesehen!

Da Nilgänse aus den Tropen stammen, sind sie keine Zugvögel und halten sich im Winter meist in der Nähe ihrer Brutgebiete auf.

Bisher scheint nicht bekannt zu sein, wie alt Nilgänse in freier Natur werden können.

Wildgänse

Infoblatt Ringelgans

Ringelgänse werden zu den Meergänsen, also den „Schwarz-Weiß-Gänsen" gerechnet. Ringelgänse sind überwiegend dunkel gefärbt. Bauch, Rücken und Flügel sind dunkelgrau, Hals und Kopf sind schwarz. Es gibt auch Ringelgänse mit hellem Bauch, sie sind in Deutschland jedoch recht selten. Ein weißer Halsfleck hat den Tieren den Namen Ringelgans eingebracht.

Ringelgänse sind etwa so groß wie Stockenten, vom Schnabel bis zum Schwanzende sind sie 55 bis 62 cm lang. Die Spannweite beträgt 105 bis 117 cm, die Flügel sind bei Männchen 33 bis 35 cm, bei Weibchen 32 bis 34 cm lang. Das Gewicht liegt bei 1.300 bis 1.600 g bei Männchen, die Weibchen sind mit 1.100 bis 1.400 g etwas leichter.

Die arktische Tieflandtundra, vor allem in Küstennähe, ist das Brutgebiet der Ringelgänse. Auf dem asiatischen Kontinent brüten sie etwa von der Yamal-Halbinsel bis zur Mündung des Kolyma. Auch Nordamerika, Grönland, Spitzbergen und Franz-Josef-Land zählen zum Brutgebiet der Ringelgänse.
Ringelgänse beginnen etwa Mitte Juni mit der Brut. Die Weibchen legen 1 - 8 Eier, die Brutzeit beträgt 21 bis 28 Tage. Bis die Jungen fliegen können, vergehen nochmals rund 40 Tage. Ringelgänse brüten gerne in lockeren Kolonien, in denen die Nester ca. 25 bis 50 m voneinander entfernt angelegt werden.

Nach der Brutzeit ziehen die russischen Ringelgänse in ihre angestammten Überwinterungsgebiete an der Nordsee (von Dänemark bis Belgien), teilweise auch weiter bis zur südfranzösischen Atlantikküste. Die Brutvögel Spitzbergens überwintern an der dänischen Nordsee, in kalten Wintern auch in den Niederlanden. Kanadier und Grönländer hingegen verbringen die kalte Jahreszeit vornehmlich in Irland, England und Schottland. Ins Binnenland gelangen Ringelgänse nur in sehr geringer Zahl.

Altersrekord: über 13 Jahre.

Wildgänse

Infoblatt Rothalsgans

Die einzige Meergans, die nicht nur schwarz-weiß, sondern farbig daher kommt, ist die Rothalsgans. Sie ist zwar auch überwiegend schwarz-weiß gefärbt, doch der Namen gebende, rote (besser: kastanienbraune) Hals macht sie zu einem richtig bunten Tier. Zu verwechseln ist sie mit keinem anderen Vogel. Aber aufgepasst: So auffällig die Zeichnung erscheinen mag, so schwer sind Rothalsgänse in einem Trupp mit anderen Gänsen zu entdecken. Man könnte fast meinen, dass sie einen Tarnumhang anhaben.

Rothalsgänse sind unsere kleinsten Gänse. Sie werden nur 54 bis 60 cm lang 35 bis 38 cm lang werden die Flügel der Männchen, die der Weibchen sind 33 bis 35 cm lang. Die Spannweite ist 110 bis 125 cm.
Rothalsgänse wiegen 1.000 bis 1.600 g.

Der gesamte Weltbestand der Rothalsgänse brütet auf den russischen Halbinseln Taimyr, Gydan und Yamal. Die Kolonien der Gänse liegen meist an den Steilufern von Flüssen, auf Hügeln oder anderen Erhebungen, gerne in direkter Nachbarschaft von Greifvögeln wie Wanderfalke oder Schneeeule. Ab Juni legen sie ihre 3 bis 7 Eier, die in 23 bis 25 Tagen ausgebrütet werden. Bis die Jungen flügge sind, vergehen ungefähr 40 bis 45 Tage.

Mitte bis Ende September verlassen die Rothalsgänse ihr Brutgebiet um zu den Überwinterungsplätzen zu fliegen. Fast alle Rothalsgänse überwintern am Schwarzen Meer in Rumänien und Bulgarien, am Kaspischen Meer in Aserbeidschan und am Aralsee. Doch einige kommen auch nach Westeuropa. Mit Blessgänsen zusammen ziehen sie nach Westen und erreichen so auch in kleiner Zahl Deutschland und die Niederlande.

Rothalsgänse zählen zu den seltensten Gänsen überhaupt, der Weltbestand liegt bei nur 40.000 bis 70.000 Tieren. Wie alt sie in freier Natur werden können, ist bisher unbekannt.

BVK LW 34 • Rathmann / Sanders / Schnitzler / Torres: Lernwerkstatt „Wildgänse"

Infoblatt Saatgans

Auch Saatgänse zählen zu den Feldgänsen. Alle Feldgänse haben ein graubraunes Gefieder. Daher ist es nicht so einfach, die unterschiedlichen Arten zu bestimmen. Saatgänse sind an ihrem zweifarbigen Schnabel zu erkennen. Mit einem Fernglas erkennt man, dass die Schnabelspitze und der Schnabelansatz schwarzbraun sind. Dazwischen liegt ein orangefarbenes Band. Auch das Gefieder ist nicht einfarbig, doch man muss schon recht genau hinschauen, denn der Kopf ist viel dunkler als Hals, Rücken und Flügel. Aus größerer Entfernung sehen Kopf und Hals aus wie ein abgebranntes Streichholz.

Saatgansmännchen wiegen etwa 2 bis 3,4 kg, die Weibchen 2 bis 2,8 kg. Mit 140 bis 170 cm haben sie eine etwas kleinere Spannweite als die Graugänse.
45 - 52 cm werden die Flügel der Männchen, die der Weibchen sind 43 - 48 cm lang.

In Mitteleuropa kommen zwei Unterarten der Saatgans vor: Die Tundra- und die Taigasaatgans. Von Unterarten spricht man dann, wenn Angehörige einer Art in verschiedenen Gebieten vorkommen und so über viele tausend Jahre von einander getrennt sind. Somit können sie sich auch nicht miteinander fortpflanzen. Im Laufe der Zeit entwickeln sie sich ein wenig unterschiedlich und sehen dann meist auch etwas unterschiedlich aus. Die beiden Saatgans-Unterarten haben unterschiedliche Schnäbel. Der Schnabel der Tundra-Saatgans ist kurz und hoch und das orangefarbene Band ist schmal. Bei Taiga-Saatgänsen ist der Schnabel lang und flach, das orangefarbene Band ist breit. Taiga-Saatgänse brüten in lichten Nadel- und Birkenwäldern, Tundra-Saatgänse in der feuchten Tundra und an den arktischen Küsten.

Das Brutgebiet erstreckt sich von Nordskandinavien bis Ostsibirien. Ende Mai beginnt die Brutzeit der Saatgänse. 2 bis 8 Eier werden vom Weibchen in 27 bis 29 Tagen ausgebrütet, die Zeit bis zum Flüggewerden beträgt ungefähr 7 bis 8 Wochen.
Zur Überwinterung fliegen die Saatgänse vor allem nach Ost- und Nordwestdeutschland, in die Niederlande und nach Belgien. Aber auch weiter südlich, etwa in Frankreich, Spanien, Österreich und Ungarn tauchen sie regelmäßig auf.
Der älteste beringte Wildvogel ist über 20 Jahre alt geworden.

BVK LW 34 • Rathmann / Sanders / Schnitzler / Torres: Lernwerkstatt „Wildgänse“

Wildgänse

Infoblatt Weißwangengans

Als Meergänse bezeichnet man im Deutschen eine Gruppe von Gänsen, die in erster Linie an den Küsten von Nord- und Ostsee überwintern. Die Meergänse sind viel einfacher zu bestimmen als die Feldgänse. Das Federkleid aller Arten ist überwiegend schwarz-weiß gefärbt und von Art zu Art deutlich verschieden.

Weißwangengänse haben einen schwarzen Hals und einen überwiegend weißen Kopf. Der Bauch ist gräulich weiß, der Rücken und die Flügel sind schwarz und grau gemustert. Mit anderen Gänsen kann man sie nicht verwechseln.

Von der Schnabel- bis zur Schwanzspitze messen sie 58 bis 70 cm. Die Flügel sind beim Männchen 40 bis 43 cm, beim Weibchen 38 bis 41 cm lang. Die Spannweite beträgt 120 bis 142 cm. Das Gewicht liegt bei 1,5 bis 2 kg.

Weißwangengänse brüten an der Ostküste Grönlands, auf Island, in Russland von der Kola-Halbinsel bis Novaja Semlja und neuerdings auch auf verschiedenen Ostseeinseln. In kleinen Kolonien, seltener auch einzeln, legen die Weibchen ab Anfang Juni ihre 1 bis 8 Eier, die sie über 24 bis 26 Tage bebrüten. Nach 40 bis 45 Tagen sind die Jungen flugfähig.

Die Tiere Grönlands und Islands überwintern in Schottland und Irland, die übrigen an der Nordseeküste von Dänemark bis Belgien. Tiefer ins Binnenland gelangen in der Regel nur kleinere Trupps oder Einzelvögel. Der gesamte Weltbestand der Weißwangengänse ist gut bekannt, weil sie sich in großen Schwärmen an wenigen Stellen konzentriert zur Überwinterung sammeln und dort gut gezählt werden können: Grönland 40.000 - 45.000 Tiere, Island 20.000 - 23.000 Tiere, Russland / Ostsee 270.000 Tiere.

Der Altersrekord eines beringten Wildvogels liegt bei 18 Jahren und 5 Monaten.

BVK LW 34 • Rathmann / Sanders / Schnitzler / Torres: Lernwerkstatt „Wildgänse"

Wildgänse

Infoblatt Zwerggans

Wer nicht genau hinschaut, wird sie wohl kaum erkennen, denn sie sieht fast genau wie eine Blessgans aus: die Zwerggans. Zwerggänse haben das für Feldgänse typische braune Gefieder, eine weiße Blesse am Schnabelansatz und dunkelbraune Querbänder auf Bauch und Brust. Die Blesse ist aber länger als bei den Blessgänsen und zieht sich bis oben auf den Kopf. Um das Auge herum haben Zwerggänse einen leuchtend gelben Ring, der den Blessgänsen fehlt.

Mit 56 bis 66 cm sind sie die kleinsten Feldgänse. Ihre Spannweite liegt bei 115 bis 130 cm, die Flügel sind bei beiden Geschlechtern 36 bis 38 cm lang und auch die Gewichte sind bei Männchen und Weibchen ähnlich. Sie wiegen 1.300 bis 2.300 g.

Noch vor etwa 100 Jahren brüteten Zwerggänse in einem geschlossenen Gebiet von Norwegen bis Nordost-Sibirien. Doch dann nahmen die Bestände drastisch ab. Nur noch 10.000 bis 30.000 Zwerggänse leben heute auf der Erde. Damit zählen sie zu einer der seltensten Gänsearten überhaupt. Die heutigen Brutgebiete liegen im Petschora-Delta und auf Yamal, auf Taimyr sowie in Nordost-Sibirien. In Schweden und Norwegen ist der Brutbestand so gut wie erloschen. Das Brutgeschäft der Zwerggänse beginnt Mitte Juni. 27 bis 28 Tage bebrütet die Gans die 3 bis 7 Eier. Nach 40 bis 43 Tagen können die Jungvögel fliegen.

Die Überwinterungsgebiete der Zwerggänse liegen am Schwarzen Meer und am Kaspischen Meer, die ostsibirischen Tiere überwintern im Süden Chinas. Da es in Skandinavien kaum noch Zwerggänse gibt, sieht man sie in Deutschland nur noch sehr selten.

Über das mögliche Höchstalter der Zwerggänse ist nichts bekannt.

Wildgänse

Arbeitsbereich Werkbereich 7:
Ein Bild von deiner Lieblingsgans

BVK LW 34 • Rathmann / Sanders / Schnitzler / Torres: Lernwerkstatt „Wildgänse“

Dieses Mini-Lexikon gehört

____

Brut: Das ist die Bezeichnung für alle Eier und Jungvögel in einem Nest.

Brutzeit: Je nach Vogelart dauert die Zeit des Brütens verschieden lang.

Brüten: Die Vogeleltern übertragen ihre Körperwärme auf die Eier, indem sie sich darauf setzen. Dadurch entwickeln sich in den Eiern die Jungtiere.

Daunen: Das sind die weichen Federn, die man im untersten Federkleid der Gans findet.

Arktis: So heißen die Land- und Meeresgebiete rund um den Nordpol.

Art: Man unterscheidet verschiedene Vogelarten. Die Gänse gehören zu der Familie der Entenvögel.

Biologische Station: Hier arbeiten Fachleute (Biologen), die sich für den Naturschutz einsetzen.

Blesse: Dies ist ein weißer Fleck auf dem Fell oder dem Gefieder eines Tieres.

Flanke: Dies ist die weiche Seite des Körpers von Tieren zwischen dem Becken und der Brust.

Formation: Der Flug der Wildgänseschwärme ist meist geordnet und erinnert häufig an eine Eins oder ein V.

Gans: 1. Vogel, der mit den Enten verwandt ist.
2. So nennt man auch das Entenweibchen.

Ganter: Damit ist das Männchen gemeint.

Gössel: Das sagt man zu den Jungtieren.

Mitteleuropa: So bezeichnet man den Teil Europas zwischen den Alpen im Süden und der Ost- und Nordsee im Norden.

NABU: Der **Na**turschutz**bu**nd Deutschland ist ein Verein, der sich für den Schutz der Tiere und Pflanzen einsetzt.

Nestflüchter: Die jungen Gänse verlassen kurz nach dem Schlüpfen mit den Eltern ihr Nest.

Spannweite: Dies ist die Entfernung zwischen den äußeren Enden der ausgestreckten Flügeln eines Vogels.

Taiga: Dies ist das größte Nadelwaldgebiet auf der nördlichen Erdhalbkugel. Die Taiga schließt sich südlich an die Tundra an.

Tundra: Die Tundra ist das arktische Gebiet, in dem nur niedrige Pflanzen wachsen. Die Sommer sind dort sehr kurz.

BVK LW 34 • Rathmann / Sanders / Schnitzler / Torres: Lernwerkstatt „Wildgänse"

Unterart: Innerhalb der Gänsearten gibt es weitere Unterteilungen.

Ornithologe: Das ist ein Vogelkundler, das heißt ein Wissenschaftler, der sich mit den Vögeln beschäftigt.

Sibirien: Dies ist ein großes Gebiet in Russland. Es grenzt im Norden an das Polarmeer, im Süden an China, Kasachstan und die Mongolei, im Osten an den Pazifik und im Westen an das Uralgebirge.

Skandinavien: Norwegen und Schweden und Finnland liegen auf der skandinavischen Halbinsel. Manchmal werden auch Dänemark und Finnland dazu gezählt.

Vollgelege: Dies ist die Anzahl der Eier, die eine Gans in einem Nest legt.

Vegetarier: Das sind Lebewesen, die sich ausschließlich von Pflanzen ernähren.

Zug: Hiermit meint man den Flug der Vögel von den Brutgebieten zu den Überwinterungsplätzen.

Diese Wörter habe ich noch gefunden:

BVK LW 34 • Rathmann / Sanders / Schnitzler / Torres: Lernwerkstatt „Wildgänse"

Wildgänse

Arbeitsblatt Werkbereich 10:
Das Gänse-Kreuzworträtsel

1. Saatgänse, Graugänse und Blessgänse kommen an den Niederrhein, um hier zu ...
2. Gänse fliegen häufig in einer ...
3. Wenn die jungen Gänse ihre Eier verlassen, wird dieses als ... bezeichnet.
4. Wo liegt die Heimat der „Wintergäste" des Niederrheins?
5. Wie wird das Nest mit den Eiern der Gänse genannt?
6. Wir sind kleinere Gänse und haben einen weißen Federkranz um unseren zweifarbigen Schnabel. Wie heißen wir?
7. Welchen Namen hat die männliche Gans?
8. Wie nennt man den Gänse-Nachwuchs?
9. Wie heißt das weiche Untergefieder der Gänse?

Das Lösungswort lautet: ______________________

BVK LW 34 · Rathmann / Sanders / Schnitzler / Torres: Lernwerkstatt „Wildgänse"

Arbeitsblatt Werkbereich 11: Wildgänse-Suchrätsel

Welche Wörter sind im Wildgänse-Suchrätsel verteckt?
Markiere sie und schreibe sie unten auf.

Q	W	E	G	R	A	U	G	A	N	S	D	F	R	F	L	Ü	G	E	L
S	F	A	T	G	A	T	H	J	L	M	B	W	E	L	S	D	A	N	S
N	I	L	G	A	N	S	S	F	B	N	M	A	U	N	V	X	A	Y	C
W	E	F	V	A	S	G	A	N	T	S	A	A	T	G	A	N	S	O	R
E	A	R	T	O	G	R	A	O	G	A	S	N	D	H	K	L	Ö	E	W
W	E	I	ß	W	A	N	G	E	N	G	A	N	S	W	T	R	B	S	A
Q	Ö	I	J	L	F	A	R	G	B	V	X	N	Ä	A	E	F	B	V	Ü
S	C	Z	W	E	R	G	G	A	N	S	T	E	R	W	A	T	E	N	S
S	C	H	L	A	D	F	G	T	S	U	S	D	O	N	F	B	V	X	C
B	L	E	S	S	G	A	N	S	S	N	A	G	S	S	L	C	X	B	E
W	D	V	B	ß	R	A	I	E	T	D	S	C	H	L	O	D	E	R	G
A	T	R	R	O	T	H	A	L	S	G	A	N	S	S	T	R	O	L	B
C	B	N	G	F	R	A	N	M	U	S	I	G	S	C	H	L	C	N	G
D	C	R	N	G	A	L	R	G	B	N	R	A	G	A	N	T	E	R	W
W	G	Ö	S	S	E	L	E	F	W	D	I	L	R	F	A	S	G	V	A
B	R	U	D	G	E	B	A	T	D	M	E	R	C	T	N	A	W	S	E
W	E	M	P	A	R	D	R	E	K	S	C	H	N	A	B	E	L	I	E

Tipp: Du musst 11 Wörter finden!

Lösungen: ______________________________

____

____

Extra: Nimm ein Rechenblatt und bastele für deine Freunde auch solch ein Suchrätsel.

BVK LW 34 • Rathmann / Sanders / Schnitzler / Torres: Lernwerkstatt „Wildgänse"

Wildgänse

Arbeitsblatt Werkbereich 12: Das erste Lebensjahr der Gänse

**Ordne die Texte den passenden Bildern zu!
Schneide entlang der gestrichelten Linie.**

Die Betreuung und Aufzucht der Küken übernehmen die Eltern gemeinsam. Sie führen ihren Nachwuchs schon bald nach dem Schlüpfen zum Wasser, wo die Küken von ihren Eltern absehen, welche Pflanzen sie fressen können. Zu diesem Zeitpunkt sind die Jungen schon in der Lage zu schwimmen, zu tauchen und alleine Nahrung aufzunehmen.

Im Frühjahr kehren die Gänse aus ihrem Winterquartier in ihre Brutheimat zurück. Nachdem die Gans ein Nest gebaut hat, legt sie nach der Paarung 4 - 5 Eier. Nun beginnt für die Mutter die Zeit des Brütens, während der Vater, auch Ganter genannt, die Bewachung des Geleges übernimmt.

Wenn der Sommer zu Ende geht und es allmählich kälter wird, ist es für die Gänsefamilie an der Zeit sich auf den weiten Weg zu ihrer Überwinterungsstätte zu machen. Spätestens im nächsten Frühjahr, wenn die Gänse wieder in ihrer Brutheimat angelangt sind und mit einer neuen Brutaufzucht beginnen, trennen sich die Wege der Jungvögel von ihren Eltern.

Etwa 27 - 30 Tage später schlüpfen die jungen Gänse, auch Gössel genannt, aus ihren Eiern. Dieses dauert viele Stunden. Haben sie es dann endlich geschafft, verlassen sie schon nach kurzer Zeit das Nest. Denn im Gegensatz zu vielen anderen Vogelarten haben Wasservogelküken ihre Augen direkt nach dem Schlupf geöffnet und benötigen nur noch 2 - 3 Stunden, um zu trocknen.

Die folgenden Wochen verbringen die Jungen mit einer intensiven Nahrungsaufnahme. Sie fressen viel und wachsen schnell. Schon nach etwa 2 Monaten können sie fliegen. Bis zum gemeinsamen Flug mit den Eltern in ihr Winterquartier müssen sie sich ausreichende Fettreserven zulegen. Diese ganze Zeit über bleiben die Jungvögel bei ihren Eltern.

BVK LW 34 • Rathmann / Sanders / Schnitzler / Torres: Lernwerkstatt „Wildgänse"

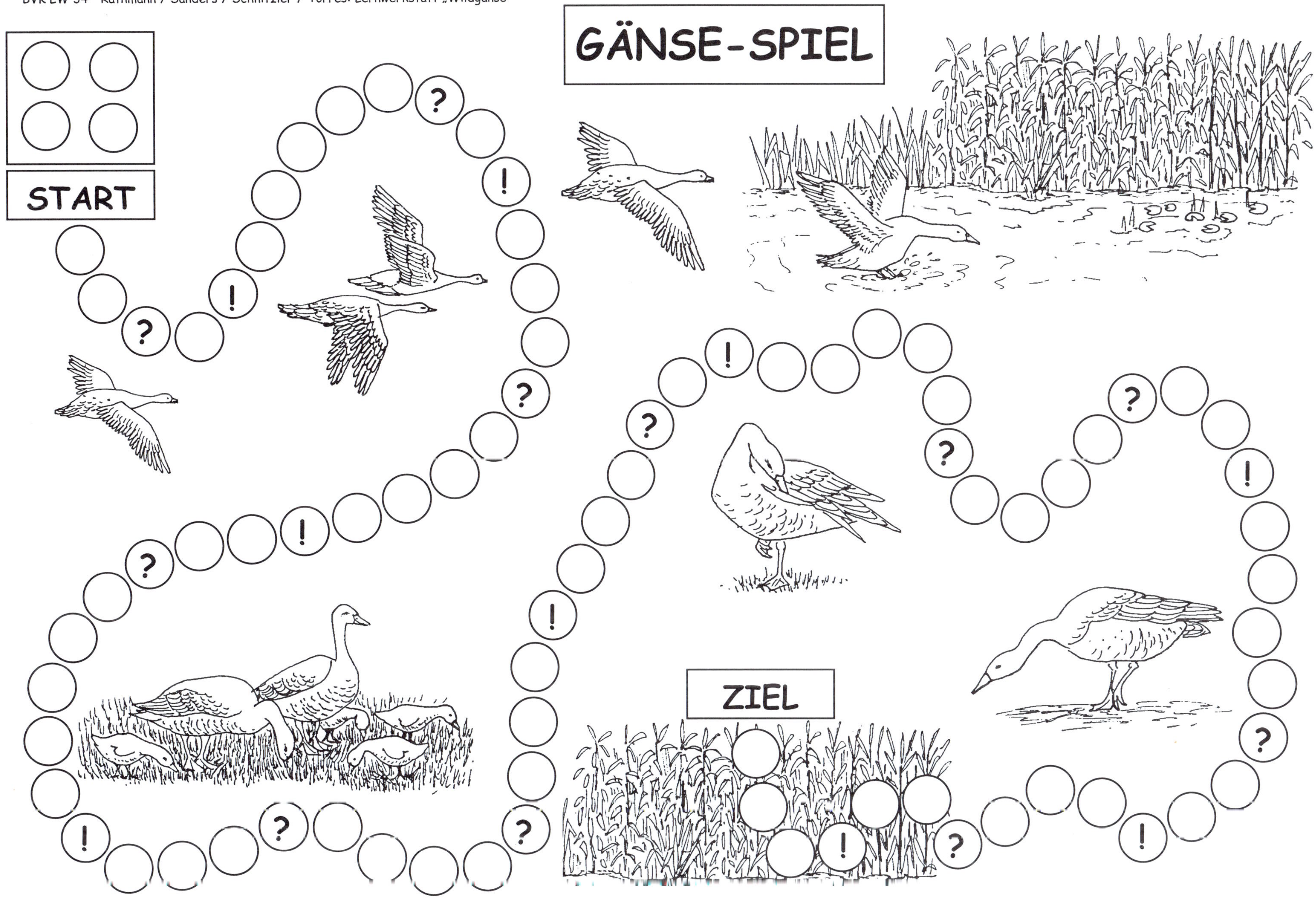
GÄNSE-SPIEL
START
ZIEL

Werkbereich 13: Das Gänsespiel

Spielregeln:

Für das Gänsespiel braucht ihr ein Spielfeld, vier Spielfiguren und einen Würfel.

Auf dem Spielfeld seht ihr drei verschiedene Felder. Die weißen Felder sind normale Spielfelder (dort braucht ihr nichts zu machen).

Die Felder mit den Fragezeichen sind Fragefelder. Kommt ihr auf eines dieser Felder, zieht euer rechter Nachbar eine Karte und liest euch die Frage vor. Könnt ihr die Frage beantworten, dürft ihr auf dem Feld stehen bleiben. Könnt ihr die Frage nicht beantworten, müsst ihr eure Spielfigur um fünf Plätze zurücksetzen.

Die Felder mit den Ausrufezeichen sind Aktionsfelder. Landet ihr auf einem dieser Felder, zieht ihr eine Karte und führt den Auftrag aus, der auf der Karte steht.

Gewonnen hat derjenige von euch, der als Erster das Ziel erreicht hat.

Viel Spaß!

BVK LW 34 · Rathmann / Sanders / Schnitzler / Torres: Lernwerkstatt „Wildgänse“

Wildgänse

Frage:
Womit orientieren sich die Gänse?

Antwort:
Mit ihren Augen.

Frage:
Wie heißt die größte europäische Feldgans?

Antwort:
Sie heißt Graugans.

Frage:
Welche Farbe hat der Schnabel der Graugans?

Antwort:
Der Schnabel ist orange und wird deshalb auch „Mohrrübe" genannt.

Frage:
Wann kommen die Gänse nach Deutschland um hier zu überwintern?

Antwort:
Sie kommen meistens zwischen Oktober und November.

Frage:
Wann ziehen die Gänse wieder zurück in ihre Heimat um dort zu brüten?

Antwort:
Sie ziehen Anfang März zurück.

Frage:
Gänse ernähren sich von Pflanzen. Wie werden sie deshalb genannt?

Antwort:
Sie werden Vegetarier genannt.

Frage:
Wie nennt man die männliche Gans?

Antwort:
Die männliche Gans heißt Ganter.

Frage:
Wie nennt man die Gänseküken?

Antwort:
Die Gänseküken nennt man Gössel.

Frage:
Wie lange dauert das Ausbrüten der Eier ungefähr?

Antwort:
Es dauert ungefähr 30 Tage / einen Monat.

Frage:
Was haben Zwerggänse um die Augen?

Antwort:
Sie haben einen leuchtend gelben Ring um die Augen.

Frage:
Welche Farbe hat das typische Gefieder einer Feldgans?

Antwort:
Es ist grau-braun.

Frage:
Welche Farbe hat das typische Gefieder einer Meergans?

Antwort:
Es ist schwarz-weiß.

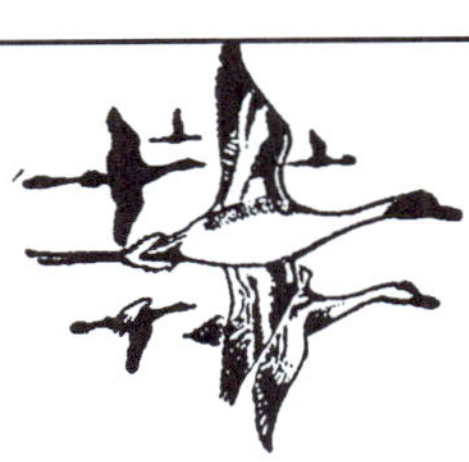

Wildgänse

Frage:
Nenne eine der zwei Unterarten der Saatgans.

Antwort:
Tundrasaatgans oder Taigasaatgans.

Frage:
Was heißt „Ornithologe“?

Antwort:
Es heißt Vogelkundler.

Frage:
Wie heißen die seltensten und auch kleinsten Gänse?

Antwort:
Sie heißen Rothalsgänse und Zwerggänse.

Frage:
Woher hat die Ringelgans ihren Namen?

Antwort:
Von ihrem weißen Halsfleck.

Frage:
Es gibt drei unterschiedliche Gruppen von Gänsen. Wie heißen sie?

Antwort:
Sie heißen Feldgänse, Meergänse und Halbgänse.

Frage:
Wie lange bleiben Gänsepaare normalerweise zusammen?

Antwort:
Sie bleiben ein ganzes Leben lang zusammen.

Frage:
Gänseküken können ihr Nest sehr früh verlassen. Wie nennt man sie deshalb?

Antwort:
Man nennt sie Nestflüchter.

Frage:
Wie lange bleiben die jungen Gänse bei ihren Eltern?

Antwort:
Sie bleiben bis zur nächsten Brutzeit im folgenden Jahr.

Frage:
Was macht das Männchen, während das Weibchen brütet?

Antwort:
Es passt auf und hält Wache.

Frage:
Was ist eine Blesse?

Antwort:
Das ist ein weißer Fleck auf dem Fell oder Gefieder eines Tieres.

Frage:
Was sind Daunen?

Antwort:
Das sind weiche Federn, die man im untersten Federkleid der Gans findet.

Frage:
Was bedeutet die Abkürzung NABU?

Antwort:
Die Abkürzung bedeutet Naturschutzbund.

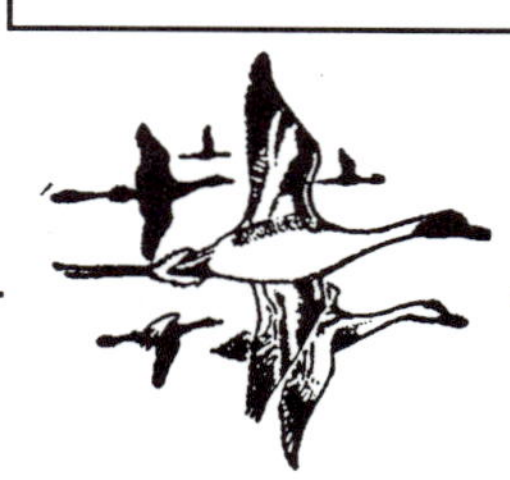

BVK LW 34 • Rathmann / Sanders / Schnitzler / Torres: Lernwerkstatt „Wildgänse“

Wildgänse

Frage:
Wo liegt Sibirien?

Antwort:
Sibirien liegt in Russland.

Frage:
Was ist die Taiga?
a) ein Gebiet aus Schnee und Eis
b) ein Gebiet, in dem nur wenige Pflanzen wachsen
c) ein Nadelwaldgebiet
Antwort:
b) ist richtig

Frage:
Wie nennt man den geordneten Flug der Wildgänse, der meistens so aussieht wie eine Eins oder ein V?
Antwort:
Man nennt ihn Formation

Frage:
Nenne fünf verschiedene Gänsearten.

Antwort:
Blessgans, Kanadagans, Nilgans, Ringelgans, Rothalsgans, Saatgans Zwerggans, Brandgans

Frage:
Warum fliegen die Gänse in ihr Winterquartier?
Antwort:
Weil sie im Winter in ihrer Heimat keine Nahrung finden.

Frage:
Mit wie vielen Jahren bekommen die Gänseeltern ihren ersten Nachwuchs?
Antwort:
Mit drei oder vier Jahren.

Aktionskarte

Du hast eine ganze Wildgänseschar aufgeschreckt. Gehe zum Start zurück.

Aktionskarte

Du schleichst dich leise und vorsichtig an einigen Gänsen vorbei. Gehe zwei Felder vor und würfele noch einmal.

Aktionskarte

Ein großer Gänsetrupp ist auf einer Wiese gelandet und frisst sich satt. Du siehst das und musst nun warten, bis du eine 2 gewürfelt hast.

Aktionskarte

Während du über die Wiesen tobst, hast du einige Gänse sehr erschrocken. Gehe 4 Felder zurück.

Aktionskarte

Du hast eine Gänsefamilie beim Fressen gestört. Setze eine Runde aus.

Aktionskarte

Rücke bis zum nächsten Aktionsfeld vor. Ziehe die Karte in der nächsten Runde.

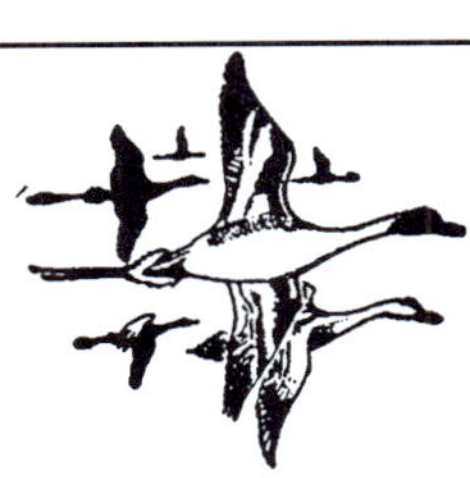

BVK LW 34 • Rathmann / Sanders / Schnitzler / Torres: Lernwerkstatt „Wildgänse"

Wildgänse

Aktionskarte Setze die Spielfigur von einem deiner Mitspieler um vier Plätze zurück.	**Aktionskarte** Gehe zwei Felder zurück. Landest du auf einem Fragefeld, beantworte die Frage sofort.	**Aktionskarte** Rücke zwei Felder vor. Landest du auf einem Fragefeld, beantworte die Frage sofort.
Aktionskarte Du darfst bis zum nächsten Fragefeld vorrücken. Beantworte die Frage in der nächsten Runde.	**Aktionskarte** Du findest eine Saatgans, die sich den Flügel gebrochen hat und bringst sie zu einer Biologischen Station. Du darfst noch einmal würfeln.	**Aktionskarte** Wenn du ein Junge bist, musst du eine Runde aussetzen.
Aktionskarte Wenn du ein Mädchen bist, musst du eine Runde aussetzen.	**Aktionskarte** Eine Gänsefamilie kreuzt deinen Weg. Du wartest und lässt sie vorbeiziehen. Du darfst noch einmal würfen.	**Aktionskarte** Du siehst einen Trupp Graugänse, die gerade in ihr Sommer-quartier aufbrechen. Du beobachtest sie und setzt deshalb eine Runde aus.
Aktionskarte Du beobachtest, wie einige Kinder versuchen Gänse zu füttern. Du erklärst ihnen, warum das nicht gut ist. Setzte deine Spielfigur um drei Felder vor.	**Aktionskarte** Zwei Eierdiebe wollen den Gänsen ihre Eier aus den Nestern stehlen. Du verjagst sie und darfst deshalb noch einmal würfeln.	**Aktionskarte** Du findest ein verlassenes Gänseei und nimmst es mit nach Hause, um es dort selber „auszubrüten". Weil dies länger dauert, musst du eine Runde aussetzen.

BVK LW 34 • Rathmann / Sanders / Schnitzler / Torres: Lernwerkstatt „Wildgänse"

Wildgänse

Arbeitsblatt Werkbereich 14: Flug der Wildgänse

Höher, schneller, weiter

Gänse orientieren sich mit den Augen, die seitlich an ihrem Kopf liegen. Dadurch haben sie ein viel größeres Blickfeld als wir Menschen. Aus der Luft können sie die Landschaft ganz genau erkennen, jede Stadt, jeden Fluss und auch große Straßen. Ältere und erfahrene Gänse wissen, wohin sie fliegen müssen. Junge Gänse lernen den Weg erst noch. Sie können nicht ohne ihre Eltern oder andere Gänse in ihr Winterquartier fliegen.

Die normale Reisegeschwindigkeit der Blessgänse ist 50 km/h, die von Weißwangengänsen 66 - 68 km/h, und die von Ringelgänsen 70 km/h. Der Rekord einer Wildgans liegt bei 148 km/h!
Auch im Höhenflug sind die Wildgänse gar nicht so schlecht. Schneegänse ziehen in Höhen von 300 bis 1.750 m. Graugänse fliegen in Höhen von 1.500 bis 2.000 m. Den Weltrekord hält zur Zeit eine Weißwangengans. Sie wurde aus einem Flugzeug in 8.300 m Höhe beobachtet. Zum Vergleich: Der höchste Berg der Welt ist 8.900 m hoch, der Kölner Dom ist 158 m hoch und der Fernmeldeturm bei Ginderich ist rund 300 m hoch.

Die Strecken, welche die Gänse fliegen, sind ebenfalls sehr weit. Von der arktischen Tundra bis Deutschland sind es etwa 5.000 bis 7.000 km. Gänse, die sich auf dem Zug befinden, wählen eine geordnete Form des Fliegens, die Formationsflug genannt wird (z. B. V-förmig). Dadurch wird der Zusammenhalt der Fluggruppe erhöht. Wenn sie ihren Rastplatz wechseln, fliegen sie in schrägen Reihen, und bei Ausflügen fliegen sie ohne Ordnung.
Wenn Gänse in großen Gruppen zur Wanderung aufbrechen, ordnen sie sich zu Trupps. Die Trupps bleiben für längere Zeit zusammen. Es fliegen viele Gänse in einem Trupp. Die Truppgröße von Blessgänsen besteht zum Beispiel aus 60 Tieren.

BVK LW 34 • Rathmann / Sanders / Schnitzler / Torres: Lernwerkstatt „Wildgänse"

 Wildgänse

Arbeitsblatt Werkbereich 14: Flug der Wildgänse - Lückentext

Höher, schneller, weiter

Dadurch, dass die ______________ seitlich an ihrem Kopf liegen, haben die Gänse ein viel größeres ____________________ als wir. Sie können aus der Luft jede Stadt, jeden Fluss und auch große Straßen ganz genau erkennen. Besonders die alten und erfahrenen Gänse kennen den Weg. ____________________________ lernen erst noch, wohin sie fliegen müssen. Ohne ihre Eltern oder andere Gänse können sie nicht in ihr ________________________________ fliegen.
50 km/h ist die normale ___________________________________ der Blessgänse. Die Fluggeschwindigkeit von Weißwangengänsen liegt bei 66 - 68 km/h, und die von Ringelgänsen beträgt etwa 70 km/h. Den Rekord hält eine ____________________________. Ihre Höchstgeschwindigkeit liegt bei 148 km/h! Auch im Höhenflug sind die Wildgänse gar nicht schlecht. Schneegänse ziehen in Höhen von 1.500 bis 2.000 Metern. Zur Zeit hält den ______________________ eine _____________________________ . Sie wurde aus einem Flugzeug in 8.300 Metern Höhe gesehen.
Ebenso sind die Strecken, welche die Gänse fliegen, sehr weit. Es sind etwa 5.000 bis 7.000 km von der arktischen _________________ bis zu uns nach Deutschland. Die geordnete Form des Fluges, die Gänse wählen, wenn sie sich auf dem Zug befinden, nennt man ________________________________. Durch diese Art des Fliegens wird der Zusammenhalt der Fluggruppe erhöht. Wollen die Gänse ihren _____________________________ wechseln, dann fliegen sie in schrägen Reihen. Bei Ausflügen fliegen sie ohne Ordnung.
Brechen Gänse in großen Gruppen zur Wanderung auf, dann ordnen sie sich zu Trupps. Diese Trupps bleiben für längere Zeit zusammen. In einem Trupp fliegen viele Gänse. Bei den Blessgänsen besteht die ___________________________ zum Beispiel aus 60 Tieren.

Wörterliste: Junge Gänse - Wildgans - Rastplatz - Weltrekord - Augen - Tundra - Blickfeld - Reisegeschwindigkeit - Truppgröße - Formationsflug - Weißwangengans - Winterquartier

BVK LW 34 • Rathmann / Sanders / Schnitzler / Torres: Lernwerkstatt „Wildgänse"

Wildgänse

Arbeitsblatt Werkbereich 15: Der lange Weg der Wildgänse

Jedes Jahr fliegen arktische Wildgänse von ihren Brutgebieten zu den Winterrastplätzen in Westeuropa. Die sibirische Tundra ist eines der Brutgebiete. Bis zu 7.000 km fliegen die Gänse um ihr Ziel zu erreichen, wobei sie etwa alle 500 bis 600 km eine Zwischenrast einlegen müssen. Sie brechen in ihren Brutgebieten zum Teil schon Mitte August auf. Etwa im November treffen sie an ihren Überwinterungsplätzen ein. Hier verbringen sie den Winter, bis sie im März wieder zurückfliegen.

1. Eine Gans legt etwa 500 km am Tag zurück. Wie oft muss sie eine Zwischenrast einlegen, wenn sie insgesamt 7.000 km fliegt?

2. a) Eine Zwischenrast ist notwendig zum Aufbau der Fettreserven. Sie dauert etwa eine Woche. Wie viele Tage rasten die Gänse, bis sie von den Brutgebieten zu den Überwinterungsplätzen geflogen sind?
   b) Wie lange müssen die Gänse insgesamt von ihren Brutgebieten zu den Überwinterungsplätzen fliegen?

3. Pro Tag nimmt eine Gans ungefähr den dritten Teil ihres Körpergewichtes an Nahrung auf. Eine Ringelgans wiegt im Schnitt 1,5 kg.

a) Errechne, wie viel Futter sie am Tag frisst.
b) Wie viel frisst eine Ringelgans während des Zuges zu ihrem Überwinterungsplatz?

Wildgänse

Arbeitsblatt Werkbereich 16: Die Zugroute der Weißwangengans

Da die Wildgänse im Winter in ihren Brutgebieten keine Nahrung finden, verlassen sie diese im Spätsommer und ziehen in wärmere Regionen.
Am Beispiel der Weißwangengans, deren Zugroute gut erforscht ist, kannst du den langen Weg nachvollziehen.
Weißwangengänse starten auf der russischen Insel Novaja Semlja. Ihr Ziel ist die niederländische Stadt Leeuwarden.

An folgenden Punkten legen die Gänse Zwischenrasten ein:

Hauptstadt von Estland:	Tallin
Westküste des deutschen Bundeslandes:	Schleswig-Holstein
Großer See in Rußland:	Onega-See
Schwedische Insel:	Gotland
Stadt in Rußland:	Archangelsk
Russische Halbinsel:	Kanin

Suche diese Ortsbezeichnungen in einem Atlas und schreibe sie in der richtigen Reihenfolge in dein Gänseheft. Beginne mit der russischen Insel Novaja Semlja und schließe mit der niederländischen Stadt Leeuwarden.

Extra: Wie viele Kilometer beträgt der gesamte Zugweg?
Achte auf den Maßstab deiner Karte.
Für diese Aufgabe brauchst du ein Lineal, um die Entfernung zwischen den einzelnen Punkten auszumessen.

BVK LW 34 • Rathmann / Sanders / Schnitzler / Torres: Lernwerkstatt „Wildgänse"

Wildgänse

Arbeitsblatt Werkbereich 17: Ein Gänseküken basteln

Dein Gänseküken

Du brauchst:

- ein leeres Überraschungsei
- einen Watteball
- schwarze und gelbe Pappe
- Kleber, Schere

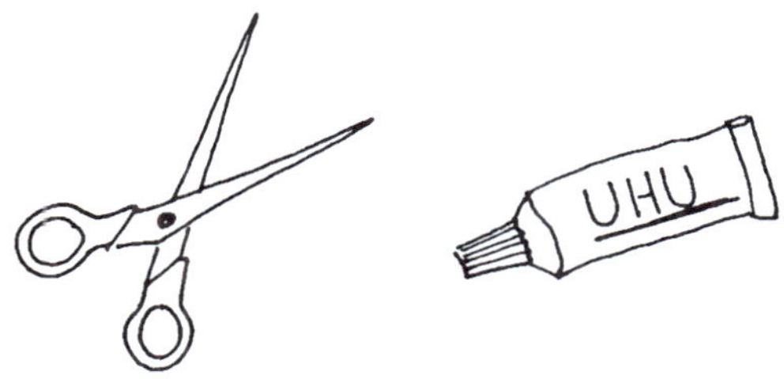

1. Klebe den Watteball von innen zu.

2. Schneide aus der schwarzen Pappe runde Augen und aus der gelben Pappe einen Schnabel.

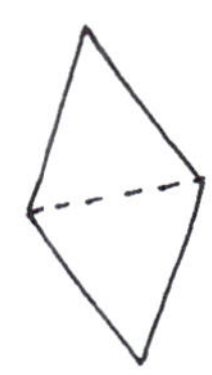

3. Klebe die Teile auf den Watteball.

4. Lege nun das Gänseküken in das Ei.

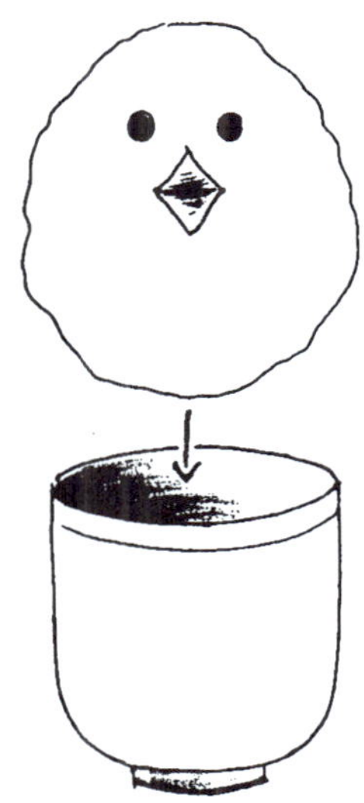

Die Gänsemutter kannst du auch basteln. Sie muss nur größer sein und sollte zwei Flügel haben.

BVK LW 34 • Rathmann / Sanders / Schnitzler / Torres: Lernwerkstatt „Wildgänse"

Arbeitsblatt Werkbereich 18:
Eine Gans zum Fliegen

Benötigtes Material:
- Schablonen (Flügel und Körper)
- Fotokarton (DIN A3)
- dünner, 60 cm langer Holzstab
- dünnes, aber festes Band (Nylonfaden oder Drachenschnur)
- Schere, dicke Nadel, Farbe zum Bemalen der Fluggans

Bastelanleitung:
1. Schneide zunächst die Schablonen aus und zeichne sie auf den Fotokarton. Schneide diese danach auch aus.
2. Durchsteche die Pappe an den markierten Stellen mit einer dicken Nadel.
3. Male deine Gans an, bevor du die einzelnen Teile miteinander verbindest.
4. Knote an den beiden äußeren Löchern eines Flügels zwei ca. 20 cm lange Fäden fest.
5. Führe dann die beiden Fäden durch die Löcher im Körper der Gans.
6. Anschließend müssen die Fäden durch die Löcher des anderen Flügels durchgeführt werden, um sie dann möglichst nah an den Körper der Fluggans zu ziehen und festzuknoten.
7. Nun ziehst du einen 100 cm langen Faden durch die beiden übriggebliebenen Löcher in den Flügeln, so dass ihre Enden oberhalb des Flügels sind.
8. Knote zum Schluss die Fäden an den äußeren Enden des Holzstabes fest und schon kann deine Gans losfliegen.

Tipp: Wenn du am Bauch deiner Gans einen Faden mit einer Kugel am Ende befestigst, kannst du die Gans besser zum Schwingen bringen!

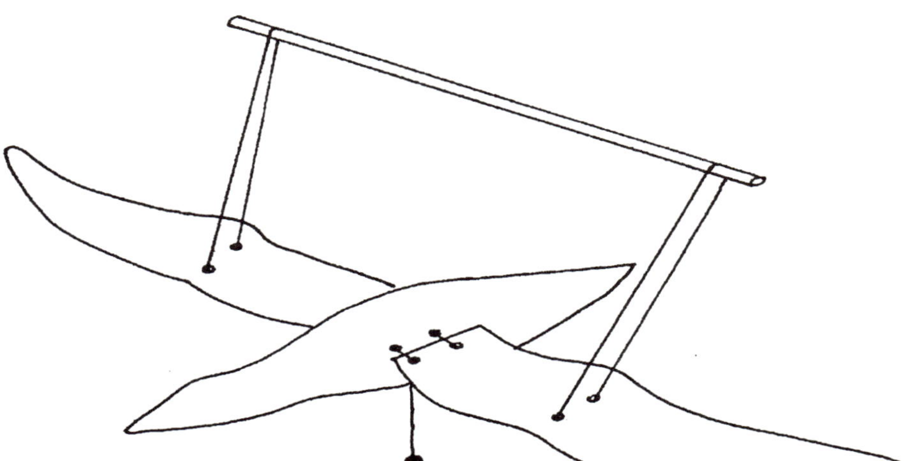

Wildgänse

Arbeitsblatt Werkbereich 18:
Eine Gans zum Fliegen

Kopiervorlage

(Es bietet sich an, dass sich mehrere Kinder einen Schablonensatz - 1 Körper, 2 Flügel - teilen.)

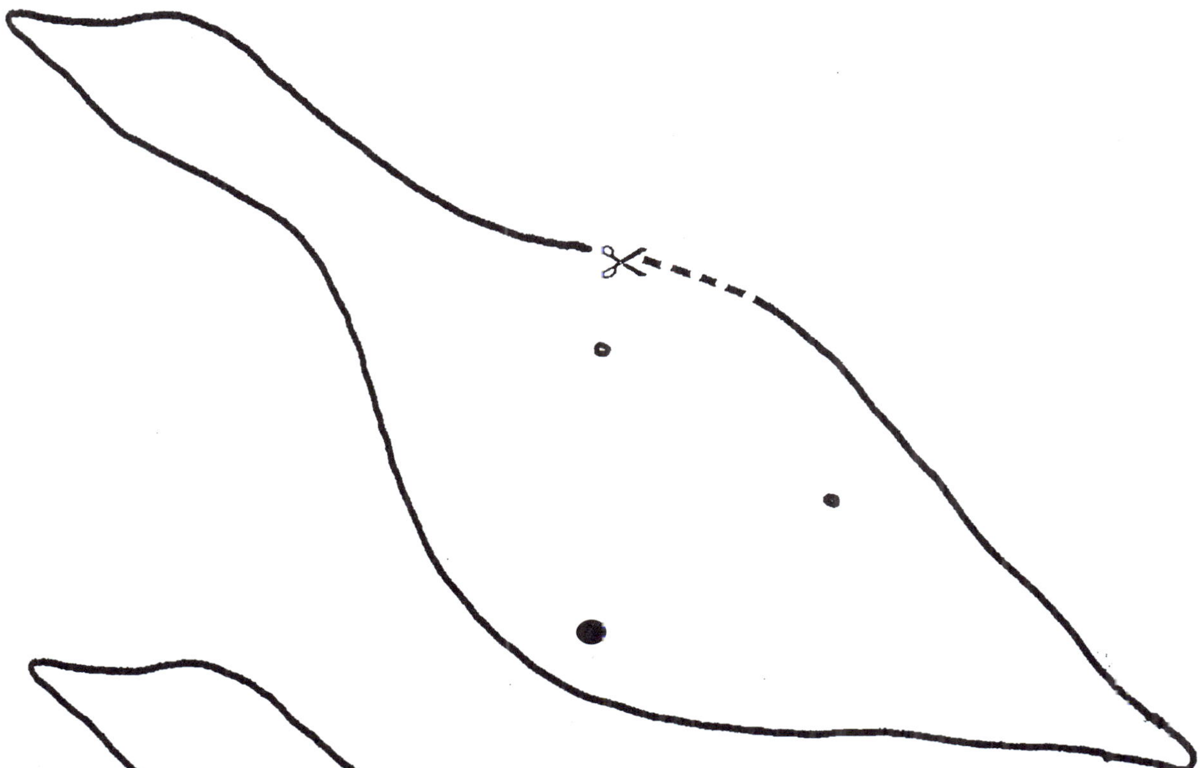

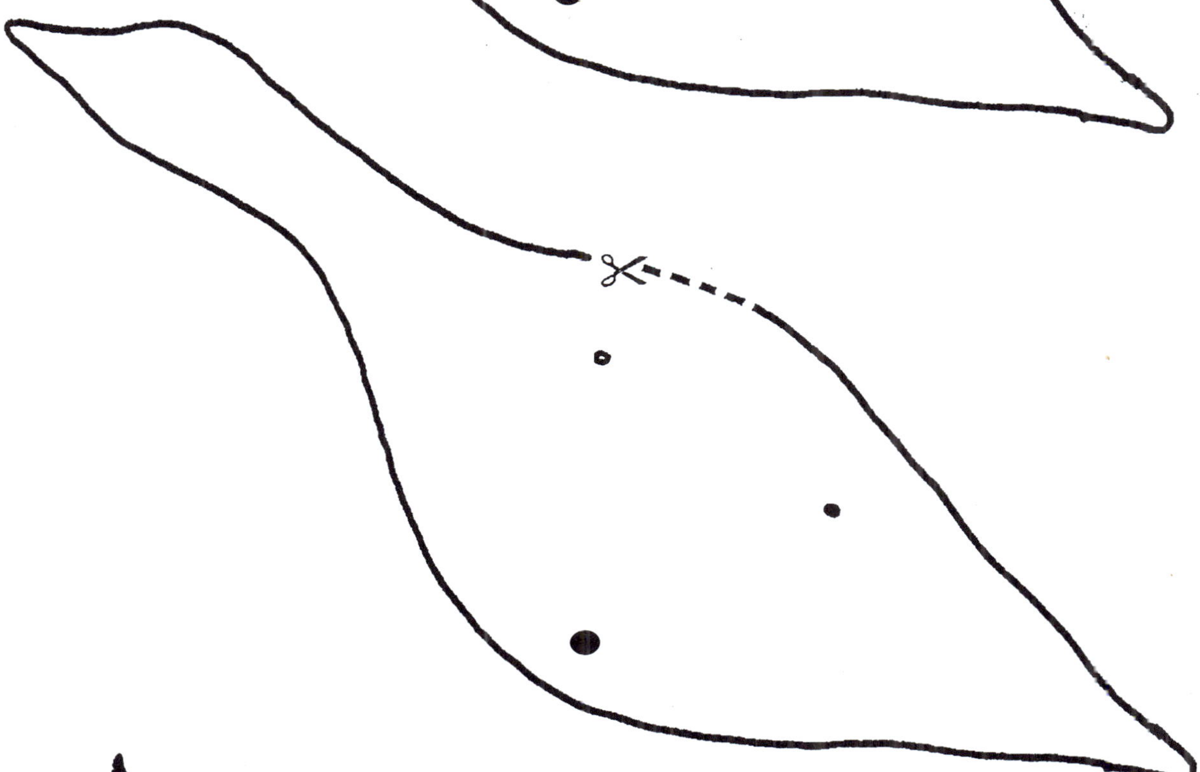

BVK LW 34 • Rathmann / Sanders / Schnitzler / Torres: Lernwerkstatt „Wildgänse"

Wildgänse

Arbeitsblatt Werkbereich 18:
Eine Gans zum Fliegen.

Kopiervorlage

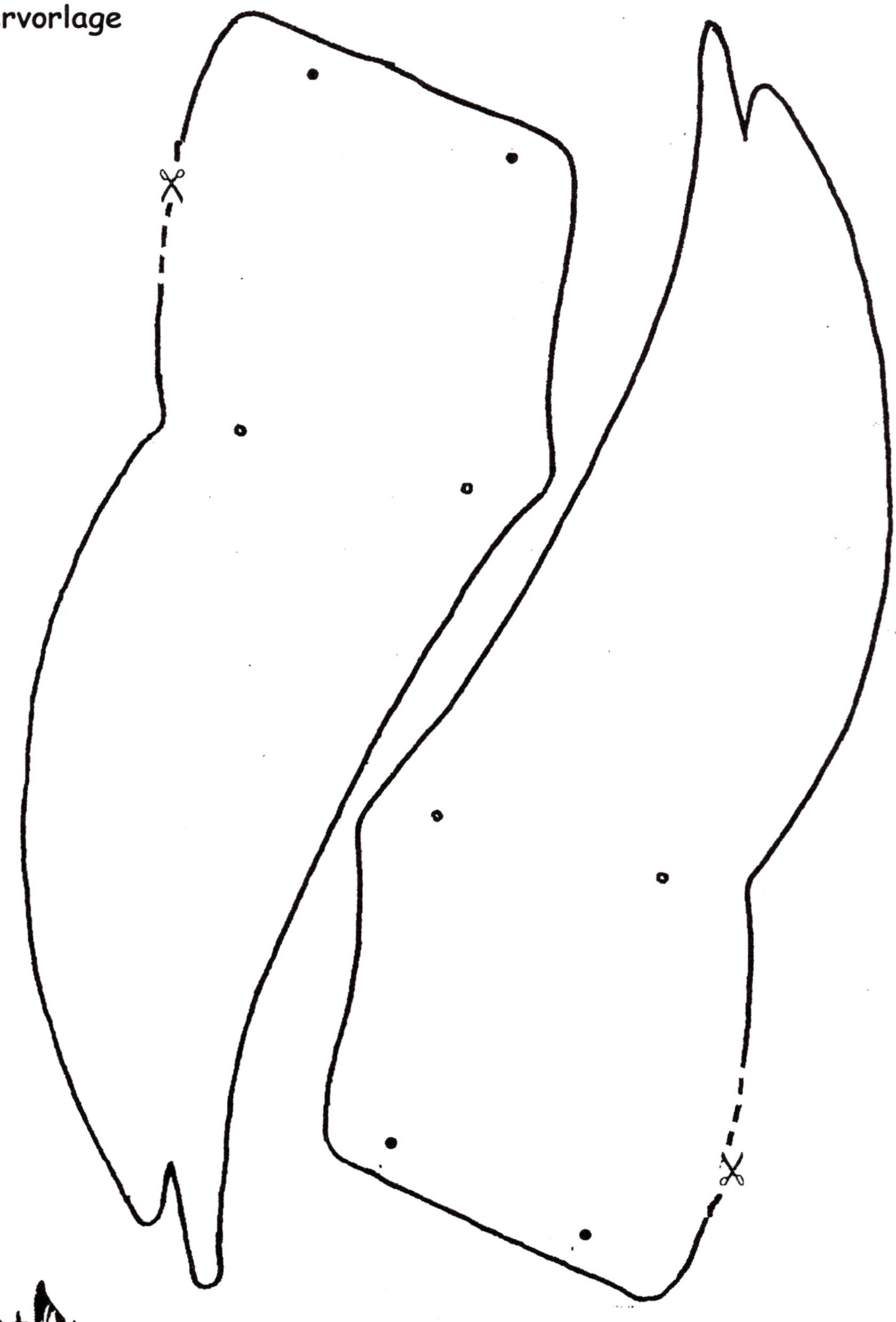

 Wildgänse

Lösungen zum Werkbereich 5:

1. Die erwachsenen Blessgänse haben am Schnabel einen weißen Federkranz, die Blesse, und an Bauch und Flanken dunkle Bänder.
2. Die Saatgans hat einen zweifarbigen Schnabel. Er ist an der Spitze und am Grund schwarz, dazwischen ist ein orangefarbenes Band.
3. Gänse ernähren sich von Pflanzen, z. B. von Gras, Getreide und Kräutern.
4. Durch die Ringe erfahren die Biologen mehr über die Lebensweise der Gänse.
5. Die Gänse finden im Winter in ihren Brutgebieten keine Nahrung.
6. Die Aufgabe ist individuell zu prüfen.
7. Die Graugänse, Saatgänse, Weißwangengänse, Rothalsgänse, Zwerggänse, usw.

Lösung zum Werkbereich 10:

		Ü	B	E	R	**W**	I	N	T	E	R	N
F	O	R	M	A	T	**I**	O	N				
			S	C	H	**L**	U	P	F			
			T	U	N	**D**	R	A				
		G	E	L	E	**G**	E					
B	L	E	S	S	G	**Ä**	N	S	E			
				G	A	**N**	T	E	R			
			G	Ö	S	**S**	E	L				
		D	A	U	N	**E**	N					

Lösung zum Werkbereich 11:

			G	R	A	U	G	A	N	S				F	L	Ü	G	E	L
N	I	L	G	A	N	S													
										S	A	A	T	G	A	N	S		
W	E	I	ß	W	A	N	G	E	N	G	A	N	S						
		Z	W	E	R	G	G	A	N	S									
B	L	E	S	S	G	A	N	S											
			R	O	T	H	A	L	S	G	A	N	S						
													G	A	N	T	E	R	
	G	Ö	S	S	E	L													
										S	C	H	N	A	B	E	L		

BVK LW 34 • Rathmann / Sanders / Schnitzler / Torres: Lernwerkstatt „Wildgänse"

Wildgänse

Lösung zum Werkbereich 14:

Höher, schneller, weiter

Dadurch, dass die **Augen** seitlich an ihrem Kopf liegen, haben die Gänse ein viel größeres **Blickfeld** als wir. Sie können aus der Luft jede Stadt, jeden Fluss und auch große Straßen ganz genau erkennen. Besonders die alten und erfahrenen Gänse kennen den Weg. **Junge Gänse** lernen erst noch, wohin sie fliegen müssen. Ohne ihre Eltern oder andere Gänse können sie nicht in ihr **Winterquartier** fliegen.

50 km/h ist die normale **Reisegeschwindigkeit** der Blessgänse. Die Fluggeschwindigkeit von Weißwangengänsen liegt bei 66 - 68 km/h, und die von Ringelgänsen beträgt etwa 70 km/h. Den Rekord hält eine **Wildgans**. Ihre Höchstgeschwindigkeit liegt bei 148 km/h! Auch im Höhenflug sind die Wildgänse gar nicht schlecht. Schneegänse ziehen in Höhen von 1.500 bis 2.000 Metern. Zur Zeit hält den **Weltrekord** eine **Weißwangengans**. Sie wurde aus einem Flugzeug in 8.300 Metern Höhe gesehen.

Ebenso sind die Strecken, welche die Gänse fliegen, sehr weit. Es sind etwa 5.000 bis 7.000 km von der arktischen **Tundra** bis zu uns nach Deutschland. Die geordnete Form des Fluges, die Gänse wählen, wenn sie sich auf dem Zug befinden, nennt man **Formationsflug**. Durch diese Art des Fliegens wird der Zusammenhalt der Fluggruppe erhöht. Wollen die Gänse ihren **Rastplatz** wechseln, dann fliegen sie in schrägen Reihen. Bei Ausflügen fliegen sie ohne Ordnung.

Brechen Gänse in großen Gruppen zur Wanderung auf, dann ordnen sie sich zu Trupps. Diese Trupps bleiben für längere Zeit zusammen. In einem Trupp fliegen viele Gänse. Bei den Blessgänsen besteht die **Truppgröße** zum Beispiel aus 60 Tieren.

Lösungen zum Werkbereich 15

1. Sie muss 13 mal eine Zwischenrast einlegen, mit der 14. Pause hat sie bereits ihr Ziel erreicht. (7.000 km : 500 km)
2. a) Die Gänse rasten 91 Tage. (13 x 7)
2. b) Für den gesamten Flug benötigen sie insgesamt 105 Tage. (91 + 14)
3. a) Eine Ringelgans frisst etwa 500 g am Tag. (1.500 g : 3)
3. b) Eine Ringelgans frisst etwa 45,5 kg bis sie ihren Überwinterungsplatz erreicht. (500 g x 91)

Wildgänse

Lösung zu Werkbereich 16

1. Nowaja Semlja
2. Kanin
3. Archangelsk
4. Onega-See
5. Tallin
6. Gotland
7. Schleswig-Holstein
8. Leeuwarden

Die Entfernungen betragen:
Zwischen Nowaja Semlja und Kanin ungefähr 700 km,
zwischen Kanin und Archangelsk ungefähr 450 km,
zwischen Archangelsk und Onega-See ca. 450 km,
zwischen Onega-See und Tallin ca. 600 km,
zwischen Tallin und Gotland ca. 400 km,
zwischen Gotland und Schleswig-Holstein ca. 600 km
und zwischen Schleswig-Holstein und Leeuwarden ca. 200 km.

Insgesamt fliegen die Weißwangengänse auf dieser Route zwischen 3.000 und 3.800 Kilometern.

BVK LW 34 • Rathmann / Sanders / Schnitzler / Torres: Lernwerkstatt „Wildgänse"

Wildgänse